“真光之爱、自能发展”真光教育研究丛书　丛书主编：荀万祥

探讨教育中的“真”理念

教育主张

李延彬　郑思东◎主编

暨南大學出版社
JINAN UNIVERSITY PRESS

中国·广州

图书在版编目（CIP）数据

探讨教育中的“真”理念：教育主张／李延彬，郑思东主编．—广州：暨南大学出版社，2016.6
（“真光之爱、自能发展”真光教育研究丛书／荀万祥主编）
ISBN 978－7－5668－1794－5

Ⅰ．①探…　Ⅱ．①李…②郑…　Ⅲ．①中学教育—教育研究　Ⅳ．①G632.0

中国版本图书馆 CIP 数据核字（2016）第 077115 号

探讨教育中的“真”理念：教育主张
TANTAO JIAOYU ZHONG DE“ZHEN”LINIAN：JIAOYU ZHUZHANG
主编：李延彬　郑思东

出 版 人： 徐义雄
策划编辑： 林冬丽
责任编辑： 林冬丽
责任校对： 闻　柯
责任印制： 汤慧君　王雅琪

出版发行： 暨南大学出版社（510630）
电　　话： 总编室（8620）85221601
营销部（8620）85225284　85228291　85228292（邮购）
传　　真：（8620）85221583（办公室）　85223774（营销部）
网　　址： http://www.jnupress.com　http://press.jnu.edu.cn
排　　版： 广州尚文数码科技有限公司
印　　刷： 深圳市新联美术印刷有限公司
开　　本： 787mm×960mm　1/16
印　　张： 10.5
字　　数： 201 千
版　　次： 2016 年 6 月第 1 版
印　　次： 2016 年 6 月第 1 次
定　　价： 32.00 元

总 序

广州市真光中学创办于1872年，是岭南办学最早的学校之一。学校坐落在珠江之滨、白鹤洞山顶，占地面积79 739平方米，建筑面积61 006平方米，是首批广东省国家级示范性普通高中，首批广东省教学水平优秀学校，首批广东省中小学校长工作室主持人学校，首批广东省德育示范学校。学校培养了著名华人女政治家陈香梅、中科院院士郑儒永、岭南著名书画家苏华等一大批杰出人才。学校现有教职工248人，其中专任教师237人，特级教师3人，中学高级教师103人，研究生学历60人。多名教师荣获国家、省、市各种荣誉，是广州市教师奖等次最高、类别最多的学校之一。2002年办真光实验初中，2003年办真光中英文小学，2010年复办真光中学初中部。前贤筚路蓝缕，以启山林，今人当承前启后，薪火相继。

学校在2010年1月正式向广东省教育科学规划办申报并批准立项了“十一五”规划课题，通过五年的深入研究和实践取得了丰硕的成果。研究界定了真光教育核心内涵及其呈现的行的文化、爱的文化、创造建设文化、级社文化四大方面的具体内涵。我们认为真光教育研究的核心定位为“用一个爱字传承发展真光的四大文化；用一个真字构建真光的理念体系；用一个宽字打造真光的E+1型课程体系；用九大行动计划来推动真光教育”。

通过研究我们确立了“以人为本，求真创新”的办学理念。根据“求真”二字，把德育理念确定为“爱国、爱校、自爱”。根据“人本”二字，我们把管理理念确定为“科学化、数字化、人性化”。根据“创新”二字，我们把教学理念确定为“切问近思、主体发展”。

在课题研究中，我们充分认识到“真光教育”的核心是“真光爱”——“爱即真光，真光即爱”。同时建构了“宽银幕+特色课程（香梅特色、大成智慧课程）”体系。

通过五年的努力，课题研究取得了一批有学术价值的成果，至课题立项以后，学校的教育教学质量不断上升。为加强优秀成果的交流与推广，让更多人得惠于此，营造更加浓厚的教研氛围，促进教师专业水平提升，推动学校内涵发展，我们从老师们撰写的论文中，撷取一部分编印成"'真光之爱、自能发展'真光教育研究丛书"，感谢老师们这段时间的辛勤付出。

本丛书共三本，第一本《探讨教育中的"真"理念：教育主张》收集了老师们的个人教育教学见解和主张，第二本《聚焦教学中的"真"热点：教学策略》列举了老师们在教学中运用的各种策略、方法，第三本《解构课堂中的"真"问题：课堂艺术》彰显了老师们独特的课堂艺术和智慧。

由于时间仓促，加之篇幅有限，还有许多老师的优秀成果未及收录，是为憾！

编　者
2016 年 3 月

目　录

生活语文，从关心身边语言开始

——引导广州中学生正确认识普通话和粤语的关系

张光礼

【摘要】 广州市中学生基本能同时使用普通话和粤语，但对两者认识存在一定误区。中学语文教师应引导学生正确认识普通话和粤语的关系，既要大力推进普通话的普及，同时也要切实保护以粤语为代表的方言文化遗产，指导学生从身边的语言现象认识我国源远流长的语言历史，并从中培养语文素养。

【关键词】 普通话　粤语　方言保护　生活语文

随着社会的发展，人们交往越发频繁，推广普通话的力度不断加强，广州市大部分校园呈现课堂用普通话，课间、课外用粤语的语言使用情况。然而，中学生对普通话和粤语的认识有一定的误区，大体存在简单的两分法：土与洋、本地与外来。部分中学生甚至视两者为矛盾。对此，中学语文教师很有必要为厘清普通话与粤语的关系做一些学理上的梳理和疏导。这对于引导中学生关注生活大语文，树立正确的语言观念意义深远。本文认为，普通话与以粤语为代表的方言是中学生学习生活大语文的语言双翼。两者不可偏废，只有两者共同发展才有利于方言区中学生的语文发展。

一、普通话作为共同语的历史形成及其现实需要

我国是一个地域广阔、民族众多、方言复杂的国家。在这样的社会里，人们往往选择一种方言作为“通用语”，用作方言区之间交际的工具。我国古代的“雅言”“通语”“四方之通语”，以及后来的“官话”，都是当时的人给这种通用语所起的名称。作为早期区域性民族共同语的雅言，其使用范围已经比较广泛

了，朝、聘、令、盟等正式场合，以及其他各种外交场合、学校教学、赋诗作文等，一般都是使用雅言的，尤其是外交场合，不仅使用雅言，还用雅言赋诗言志。在各地区保持相对独立、社会实际处在一种半统一状态的时期，通用语也是中央政权用来施政的工具。共同语是社会打破地域隔阂、走向统一时出现的语言形式。在多数情况下，共同语就是过去的通用语。共同语对方言来说，具有向心作用，它引导着方言的发展。

一种语言的共同语是在某一种方言的基础上形成的。究竟哪种方言成为基础方言，并不取决于人们的主观愿望，而取决于客观的社会经济、政治、文化等各方面的条件。我国历史上，共同语的形成一直处在自然发展的状态，受政治、经济文化的影响较大。比如，共同语的标准音常因国都的转移而改变，这是政治因素在起作用，再如，元代蒙古入主中原与清朝满族统治中国，他们都自动放弃自己的民族语言而改说汉语，这主要是经济文化的原因使然。古代共同语的缓慢发展与自给自足的农业化社会相适应，封闭、保守、落后、散漫的小农经济生产方式自然不会迫切要求全国共同语的推行，能说共同语的主要是官吏和知识分子。

推广共同语是一个国家各个时期都要考虑的一件重要工作，因为语言的使用不是单纯的交际行为，它涉及一个民族或国家的政治生活、经济生活、文化生活和科技生活，涉及社会的各个方面。周有光先生将世界语言生活的历史发展分为五个阶段，称之为“五个语文里程碑”：①农业时代文字的发明；②工业化时代全国共同语和全民义务教育的推广与普及；③开始于19世纪晚期的“传声技术”的发明；④全球化时代“国际共同语”的形成和推广；⑤电脑与信息网络的发明和发展。由此可见，全民共同语的推广和普及是社会发展到一定阶段的必然要求，广东省也不能例外。

如果校园仍以方言作为主要交际语言甚至教学用语，则必然影响文化的传承、交流与发展，不利于长远的可持续发展。在这信息化、全球化的时代，我们不能一味固守“强势方言”的优越，而应该引导广大学生认识到共同语的普及和提高是时代与社会发展的需要，是一种语言生态自然进化的必然趋势。

二、广东粤方言的生存现状

粤方言，又常称为广州话、广东话、白话等。它是汉语七大方言之一，包括粤方言区内的众多次方言和次方言以下的土语，英文通常译为 the Yue Dialects。粤方言的使用人口，在国内（含港澳台）约为5 000万，主要分布在珠江三角洲地区，粤西、粤北和广西东南部地区，海南省和台湾地区也有一些人使用粤方言。粤方言的代表点一般认为是广州话。

在全国七大方言中，粤方言作为一个整体来看，属于强势方言。林伦伦先生曾分析过粤方言作为强势方言形成的四个原因和三个特征。这四个原因是：人口数量和地域分布、经济发展水平、文化状况、思想意识；三个特征为：强烈的向心力、强烈的扩张力、具备兼容性。我们对此亦持赞成的态度。即使如此，“问题同样存在，在普通话的影响下，广州话的不少词语已经慢慢向普通话靠拢，一些旧的、颇具文化色彩的词语已经消失”。

此外，人们亦为年青一代粤语水平的下降感到某种失落。当前出现了诸如粤籍中小学生不喜欢听粤语童谣、听不明白粤语相声，广东粤剧已经渐渐沦落成为中老年人欣赏的节目等现状，有人将这些现象归咎于推广普通话工作。这样的看法，当然有很多值得商榷之处。但面对传统岭南文化和语言在社会发展大潮中逐渐消变流失的现状，我们也确实应当采取一些实际措施加以应对，保护好我们的文化遗产。

三、在推广普通话的前提下，尊重和保护方言的必要性

如上面所论，普通话和粤方言是当代粤语区学生学习生活大语文的语言双翼，离开普通话我们难以适应现代化大生产的发展需要，无法汲取广阔的非粤语区的优秀文化为我所用。而离开粤方言则会让我们的文化继承失去岭南的独特韵味，不利于语言生态的多元性。

1. 尊重和保护方言资源关系传统文化及其传承

美国已故的语言学教授萨丕尔（Edward Sapir）说：“语言背后是有东西的，并且，语言不能离开文化而存在。”帕默尔（L. R. Palmer）也说：“语言的历史和文化的历史是相辅而行的，它们可以互相协助和启发。”由此可知，语言与文化是密切相关的。

就粤方言而言，粤方言不单是岭南文化的主要承载体（客家话和潮汕话、雷州话也承载了一部分岭南文化），还是岭南文化的一个组成部分。黄涛的《语言文化遗产的特性、价值与保护策略》提到，这种文化现象至少体现在三个层面：①以口语为主的语言形式及其运用规则，包括在特定社群约定俗成的固定表达方式。这是基础的、表层的，也是最显著的部分；②类型化的语言行为及与之关联的生活情境，这一部分主要作用于我们的视觉；③支配语言行为并与语言的意义

功能凝结在一起的民众精神或民俗心理，这是较深层次的内容。所以粤方言中的歇后语、特征词、粤语相声、粤曲、粤剧、木鱼书、粤讴、童谣以及依存于粤语的民俗和粤文化心理等都是岭南文化的重要组成部分。只有尊重和保护粤方言，才能有效防止这类文化遗产的流失。对广州中学生而言，粤方言及其承载的文化就是活生生的大语文。

2. 粤方言对其他人文学科也有重要的价值

粤方言除了保存南粤大地的诸多传统文化之外，还对其他人文学科具有重要的研究价值。首先，粤方言的存古性有利于汉语史的认识与梳理，它在语音词汇语法方面均具特色，保存了许多中古面貌，甚至还有些上古痕迹，这对汉语史的研究来说，都是难得的活化石；其次，粤方言在整个汉藏语研究中也有着重要的价值；再次，对粤方言的研究来说，它有利于梳理移民史以及和少数民族的关系史。20 世纪 90 年代初期，李敬忠提出粤方言常用词中有 20% 属于壮侗语，可见粤人先民与少数民族关系的密切，对粤语方言的研究将有助于我们认识缺乏史料记载的一些民族关系史。

3. 粤方言与自然科学的跨学科研究前景广阔

语言与自然科学的跨学科研究越来越受到重视，如病理学研究的失语症、阅读障碍、书写障碍、发声障碍等，语音试验方面的语音分析、语音合成等，计算机方面的语音输入、人机对话、人工智能等。这些都可能与不同的方言特征、方言分布有关，在这方面的研究目前还处于初级阶段，需要自然科学专家与语言文字工作者通力合作攻克难关，这方面空白尚多，可谓大有作为。

4. 粤语在南粤大地上具有广泛的应用价值

这种应用性不但体现在现实层面，如粤语在传媒中的运用、粤语在人际交往中的独特价值、粤语在教学中的价值、粤语在文化交流（尤其是与港澳同胞、海外华侨华人）中的桥梁作用等，而且也体现在文化传承和文化认同上具有不可取代的作用。中华文化的传承，如果割裂了与地方文化的有机联系，将不可能取得成效，甚至可以说是不可想象的。

四、普通话与粤语在岭南校园和谐共存、共同发展

在粤方言区的中小学校园中，推广普通话与保护方言并不矛盾，还可以相得益彰。包容性与多元性是岭南文化的重要特征，让普通话与方言在不同层面上共

同发展本身就体现了岭南文化的特性。两者在共同发展的过程中，可能会有一些冲突与碰撞，但是又如美国语言学家萨丕尔所言：“任何语言都不能自给自足。”在现代社会中，一种语言或方言如果不与异质接触，没有包容吸收，不发展变化，那么它就会成为一潭死水，最终走向衰亡。这个道理用陈章太先生的话来说就是：“语言生态和自然生态一样，通用语和方言的发展变化是自然的。”所以，普通话不断从其他方言包括粤方言中吸收有生命力的词语充实自己，粤方言当然也应该从普通话或其他方言中吸取有益的养分。对此，詹伯慧先生指出：“推普的结果将在方言地区形成一个‘推广普通话，保留方言；普通话为主，方言为辅’的社会语言应用格局。”

在当前阶段，我们应该不断探讨推广普通话和保护方言的新路子，使两者在校园和谐共存，为培育青年学生的语文素养奠定坚实的语言基础。

在改进推广普通话方法的同时，校园也要采取切实的措施来保护岭南大地上的方言遗产。

（1）建立校园民间文艺文化团体。民间的文艺文化一般都是以方言面貌来出现的，在保护以粤剧为代表的地方戏曲等文艺文化的同时也就保护了地方语言，同时也使方言有了实体的承载。

（2）开设校本方言选修课。适当引入一些高端技术来制作电子方言分布地图和方言特征地图，建立囊括文字、语音媒体、图像等内容的方言语音和词汇数据库、专题专项的方言语料库等，以提高青年学生的乡土意识，提高中学生对方言文化的理论认识。

（3）开展调查和记录方言等学生实践活动。当前计算机技术手段发达，学生在教师的指导下调查和记录方言已无技术上的困难，而通过这项实践活动，学生会从大量的语言事实中接触到许多书本没有的语文现象，从而增加学生的语言积累，提高其语言感性认识。

（4）合理适当开放方言的使用空间。比如，学校在课后允许教师、学生使用方言进行交际。

（5）对方言儿歌民谣进行记录、整理和抢救。今天的许多粤籍青少年不爱粤语童谣儿歌了，据调查，其中原因并不是普通话的影响，而是那些童谣儿歌的内容过于陈旧，与现实生活脱节。要使青少年喜欢粤语童谣儿歌，就有必要对其进行整理加工，使之富于时代气息；或者对其进行必要的解读，以利传播。

（6）在大型的公益活动中适当增加一些地域文化的元素。2010 年亚运会开幕式和闭幕式上出现的粤语童谣就是一个很好的范例。

总之，在进行语文教育的过程中，语言是一个重要的组成部分，我们既要坚定不移地继续推广普通话，同时也要切实采取措施保护方言文化遗产。只有普通话与粤方言共同发展，才能为粤语区中学生语文素质的提高奠定更坚实的语言基础。

参考文献

[1] 邵慧君，甘于恩．岭南方言的价值及其研究的拓展．华南师范大学学报（社会科学版），2009（4）．

[2] 罗常培．语言与文化．北京：北京出版社，2004．

[3] 黄涛．语言文化遗产的特性、价值与保护策略．中国人民大学学报，2008（4）．

[4] 陈原．语言和人．北京：商务印书馆，2003．

[5] 潘佳，陈光磊．陈章太教授专访．复旦大学语言文字工作委员会《雅言》第七十三期．

[6] 詹伯慧．当前“推普”的一些思考．学术研究，2003（12）．

[7] 甘于恩，邵慧君．论粤语童谣的收集、整理与研究．左鹏军．岭南学：第3辑．广州：中山大学出版社，2009．

[8] 周有光．语言生活的历史进程．徐州师范大学学报（哲学社会科学版），2008（2）．

[9] 马庆株．爱方言更爱普通话：谈方言的保护和保存．语言文字周报，2005－06－29．

[10] 刘福根．从历史的角度看共同语和标准音．浙江社会科学，2002（6）．

[11] 叶蜚声，徐通锵．语言学纲要．北京：北京大学出版社，2010．

[12] 甘于恩．进一步提高中文水准　重新认识方言的价值．李如龙．东南亚华人语言研究．北京：北京语言文化大学出版社，2000．

品读杜甫诗歌的“三美”

——粤教版选修一《唐诗宋词元散曲选读·杜甫诗五首》教学有感

吕雪容

【摘要】学生通过诗歌的专题学习，应该达到两个目标，一是基本会读懂诗歌，二是对名家名作的认识应该提升到更理性、更全面的层次。本文以《杜甫诗五首》为例，让学生通过这一专题的学习，对杜甫其人其诗的认识达到以下三个层次：谙熟杜甫诗歌的结构美，掌握杜甫诗歌的技巧美，领悟杜甫诗歌的思想美。

【关键词】杜甫诗歌　结构美　技巧美　思想美

“李杜文章在，光焰万丈长”，说到唐诗，少不了这两位大家的作品。学生能脱口而出的唐诗十有八九是这两位大家的作品，如李白的《静夜思》、杜甫的《绝句》等。在高二的语文选修一中有李白和杜甫的专题诗歌介绍，笔者觉得学生通过诗歌的专题学习，应该达到两个目标，一是基本会读懂诗歌，二是对名家名作的认识应该提升到更理性、更全面的层次。本文以《杜甫诗五首》为例，让学生通过这一专题的学习，对杜甫其人其诗的认识达到以下的三个层次：谙熟杜甫诗歌的结构美，掌握杜甫诗歌的技巧美，领悟杜甫诗歌的思想美。

一、谙熟杜甫诗歌的结构美

为什么要“谙熟”呢？因为这是古典诗歌的基本结构思路。不仅杜甫这样写诗，其他诗人也这样写诗，不仅唐代的诗人这样写诗，其他朝代乃至现在的诗人如果要写古典诗歌，基本也要按照这个结构思路写诗，只不过这种思路在杜甫的诗歌里表现得最经典，最富有代表性。谙熟了杜甫诗歌的起承转合，对其他诗人的诗歌的解读就迎刃而解了。

对于古典诗歌，最容易入手也是最重要的一步就是把握古典诗歌的写作思路：起承转合。五言绝句区区二十个字，依然有着这样有序曲折的结构。第一句（联）是开头，谓之起；第二句（联）是承接着开头的思路再进一步写，谓之承；这两联是紧密相连的，可以看作第一个层次，或写景，或状物，或咏史，或叙事。第三句（联）的思路就要有所转折，或由景入情，或由物言志，或由史讽今，或由事论理。最后一句（联）就是收尾，谓之合，点明主旨，升华情感，手法多样，或明或暗，说明写作缘由。二十个字的绝句是这样的文章结构，时至今日，我们写八百字的应试文章乃至洋洋洒洒的长篇文章，也大都是这种行文思路的衍变和发展。所以说，读懂诗歌的起承转合是最基础也是最重要的一步。

《杜甫诗五首》中的《月夜》《蜀相》《登岳阳楼》的起承转合都是非常经典的。《月夜》前两联从对方写来，虚言妻儿如何想我，实写我如何想念妻儿，尽显曲笔之妙，这是起和承。颈联笔锋一转，不再用记叙的表达方式，而是用了描写的方式，刻画了一个望月怀远的妻子的美丽形象，一“湿”一“寒”写尽了思念的刻骨铭心，瞬间定格的特写镜头式的描写使得思念之情具体形象化。尾联笔锋一收，“双照”呼应首联的“独看”，水到渠成地点明战争带给百姓的苦难和对和平生活的向往之主旨。《蜀相》首联言事（起），颔联写景（承），颈联评价（转），尾联吊念（合）。《登岳阳楼》前两联言事写景（起、承），后两联写人抒情（转、合）。如此明晰的诗歌结构，作为读者，我们能做的就是好好欣赏，细细品味，读懂读透，举一反三。把握诗歌的起承转合的结构规律，就能使我们更快更准地读懂诗歌。对于学生头疼的背诗这一环节，也能起到事半功倍的效果。

有学生默写王维的《辛夷坞》“木末芙蓉花，山中发红萼。涧户寂无人，纷纷开且落”。竟然将第二句和第三句的位置调换了，而且还浑然不觉。按照起承转合的行文思路来背诗默写，想犯这样的错误都很难。因为起句是点明写作对象是树上的芙蓉花，承句是接着描写芙蓉花开了，很美。转句是说虽然一树的红花开得很美，很绚烂，但是没人欣赏，合句说花儿只能自开自谢，从容淡定中难免有着丝丝的惆怅。起承转合的思路非常清晰，之所以会在默写的时候调换诗句的顺序，就是没有理解起承转合的结构规律。

二、掌握杜甫诗歌的技巧美

凡是大家，写作技巧的运用都是浑然天成、不露痕迹的，我们从中解读出的是一种美感。诗歌技巧大致可以分为修辞手法、表达方式、篇章结构和表现手法等，前三者的分类比较明晰，而表现手法就比较模糊，所以不妨将难以归到前三者的那些技巧统称为表现手法。我们大可不必为这个技巧是归属于哪一种手法的问题而困扰，只要能看出是运用了什么技巧，对于诗歌的表情达意有着怎样的作用就可以了。《月夜》运用的技巧有虚实结合、曲笔、瞬间描写、前后照应等。最典型、最精妙的当属曲笔，通俗一点说，就是从对方写来。作者不直接写自己如何想念妻儿，而是转一个弯，写自己想象妻儿如何想念自己，这样，思念多了一层不就更加深刻吗？《哀江头》妙用对比，《又呈吴郎》运用赋和反问，《蜀相》运用设问、反衬，《登岳阳楼》运用对仗。最能体现杜甫对诗歌音韵美的完美追求应该是作者对对仗这种修辞手法出神入化的运用。一般说来，近体诗的中间两联要求对仗，但是杜甫的诗歌很多是两两对仗，如《绝句·两个黄鹂鸣翠柳》《绝句·迟日江山丽》《登高》等。两两对仗体现在形式上的美是整齐匀称、节奏鲜明、便于吟诵、易于记忆；体现在内容上的美是表意凝练集中、概括力强、音乐感强。

三、领悟杜甫诗歌的思想美

如果问学生对杜甫的第一印象是什么，他们往往脱口而出的就是“现实主义诗人”“诗史”“沉郁顿挫”等词语。是的，这是杜甫诗歌中最富有生命力、最震撼人心的部分。文学作品是美育教育的重要手段。不读文学作品一样可以生活，甚至可以活得很好，但是读了文学作品，我们的生活会变得不一样，正如巴金先生说的“我们并不仅仅为了吃饭而活着”，文学可以使我们的生命更丰满，使我们的生活更精彩，可以说文学作品是使我们的生活远离庸俗浮躁的一扇窗。杜甫的诗歌千百年来打动着一代又一代人的心，力量正是来自他诗歌中永恒的生命感和使命感。

杜甫诗歌的思想美首先表现为一种真相美。和杜甫同一时代的诗人很多，而集中地在诗文中表现时代生活的只有他一人。他用诗歌作为工具，客观真实地反映了当时的社会现实，展示了“安史之乱”给普通百姓带来的痛苦生活。《杜甫诗五首》节选的五首诗就如一幅画卷，从不同的侧面展示了安史之乱下人们的生活状态。从时间上说，《月夜》《哀江头》《蜀相》《又呈吴郎》《登岳阳楼》分别写作于756年、757年、760年、767年和768年。表现的正是安史之乱时期的生活，只是角度各不相同。《月夜》写诗人被叛军掳至长安后对家人的思念，用以小见大、以点带面的手法告诉我们安史之乱是何等的“乱”；《哀江头》因“锁千门”的芙蓉苑想到曾经在这里寻欢作乐的唐玄宗和杨贵妃，告诉我们安史之乱是怎么“乱”的；《蜀相》写他带着家人避安史之乱，逃到成都游览武侯祠，有感而发，沉郁地呼喊他多渴望为结束安史之乱出一份力，但是壮志未酬，报国无门；《又呈吴郎》写安史之乱的后遗症之一，“贫到骨”的百姓应该如何对待；《登岳阳楼》写安史之乱的后遗症之二，自己居无定所，只能流浪，他带着家人乘小舟出蜀，顺着长江往下漂流，漂到洞庭湖，看到了向往已久的岳阳楼后写下千古名篇。如此的贫困交加，他想到的不是自己，而是大唐的北疆！两年之后，杜甫死在漂泊的小舟上，结束了他苦难又辉煌的一生。写作对象从妻儿到唐玄宗、杨贵妃到诸葛亮到邻居寡妇再到关山戎马，乍看角度不同，其实都是安史之乱时期人民生活的真实写照。

其次，更加震撼我们心灵的是杜甫在字里行间表现出来的悲天悯人的大爱情怀。这五首诗的一个共同点是杜甫都在哭。他为什么哭？为求得百姓的和平生活而“泪痕干”，为安史之乱中付出生命代价的美人而“吞声哭”，为因安史之乱失去君位的统治者而“泪沾臆”，为出师未捷身先死的英雄而“泪满襟”，为扑枣受阻的寡妇而“泪盈巾”，为关山北戎马而“涕泗流”。可见，这泪不仅仅悲己之泪，更多的是忧国忧民之泪。杜甫悲天悯人的大爱，在《又呈吴郎》一诗中得到了淋漓尽致的体现。题目的“又”“呈”两个字已经充分体现杜甫的用心良苦。“只缘恐惧转须亲”中的“只缘”“转”更是道尽杜甫的深情。自己的生活已是贫困交加，住在四面漏风的草堂，却惦记着比他更贫困的人，尽自己所能帮助比自己更贫困的人，这是有着何等胸怀的“诗圣”呀！所以，读杜甫的诗歌，我们读到的不仅是文字，更是人性的光辉！

发挥网络技术优势　实现语文有效教学

谢富强

【摘要】本文论述作者试图在语文有效教学中引进网络技术，利用网络资源共享性、情景化、交互性、自由开放性等优点解决语文教学过程中遇到的问题，切实让学生在学习过程中成为主动参与建构的学习者，实现语文有效教学，促成学生个体的有效发展。本文结合了网络教学课例《游褒禅山记》来具体阐述。

【关键词】有效教学　网络优势　自由开放

语文有效教学的终极目标是在有限的时间内求得学生个体的最大发展。“任何有效教学总意味着‘想方设法’地让学生在单位时间内获得有效的发展”，而不仅仅是得到知识的增长。因为有效教学根本上还是人的教育，而不是培养承载知识的工具。正如余文森教授所说：“教学的有效性要关注学生的发展，从时间上来说，学生的发展有当下发展和终身发展。任何一个有效教学必定会促进学生当下发展，同时对学生长远发展也会有影响。”

那么什么才是学生个体的发展呢？对学生来说，学语文不仅仅是为了掌握门语言工具，更重要的是领会其所承载的文化精神，即人文内涵。语文不单是词句与语法的简单组合，它还蕴藏了人类共同的情感体验与人生思考，学生通过语言符号与作者产生心灵共振，获得性灵的陶冶、精神的升华，从而促进自身的发展，由混沌无知通向智慧明达。因此，语文的有效教学应该是让学生在语文的学习中获得有效的启悟，从而走向自身的完善与发展。

这说明语文有效教学活动“沉淀下来的是一种思维方式和精神”，更多地要靠学生主体参与实现，语文的人文性决定了每个学生在学习文章时必须结合自己的生命体验主动去建构。因此，语文有效教学更注重学生个体的主动参与，但现行大班制教学体制某种程度上制约了语文有效教学的实施。一个班级 50 多名学生，情况各异，能力参差，课堂时间又短，教师在短短的 40 分钟里既要抓基础又要解难点，既要合作探究又要展示发言，常常是顾此失彼，不能充分照顾学生个体差异，难以因材施教，如此不利于学生个体发展。

要想解决这些问题就必须与时俱进，引进网络先进技术，这是弥补现行大班制教学体制缺陷、实现语文有效教学模式的最佳途径。网络具有资源共享性、情景化、交互性、自由开放性等优点，契合国家新课程标准所倡导的自主探究学习方式对学习环境提出的要求。网络提供的教学资源丰富，信息的传递不受时空限制，交互功能超强，这为语文有效教学顺利开展创造了条件，下面结合笔者的网络教学课例《游褒禅山记》具体阐述。

一、利用网络资源共享性培养学生搜索资料、自主建构的学习能力

语文有效课堂中，课文教学的主要目的是让学生领悟内涵建构自我，同时也会涉及许多辅助性的知识，如文章背景、作者生平、相关评论、生字词等。以往由于条件所限，学生手上资料匮乏，获取信息的渠道较少，多数是由教师在课堂讲解，这样既耗费了课堂的时间，又剥夺了学生自主搜集资料、选择资料的学习机会。而网络的引进使这个环节显得多余，完全可以在课前准备的环节由学生利用网络的资源自己解决，从而把课堂时间节省下来用在更重要的环节。

网络资源具有三个特点：丰富、共享、无时空限制。它提供了一个海量知识的资源库，人们通过强大的搜索引擎可以随时随地按自己的需求去找到需要的知识。这就是说，网络就像一个全知全能、全天候的上帝式的老师，不知疲倦地等待着满足学生的求知欲望，而且学生可以自由地选择最适合自己的方式，成为信息处理的决策者。学生查找资料就是一种学习者主动参与知识结构的重组和建构活动。

在教授《游褒禅山记》时，笔者就设置了“课前准备”的环节，让学生上网浏览笔者提供的网页课件，利用网络资源在学案的引导下了解作者，初步疏通、理解课文，明确作者观点。要求学生利用自己所喜欢的搜索引擎搜集两类资料：①基础性资料，如文章背景、作者生平、相关评论、生字词等；②辅助性资料，如教学设计、教学课件、视频等。并让学生将自己搜集好的资料编辑或精选部分发到老师的邮箱，同时在“在线论坛”留下自己的疑问。这个环节极大地调动了学生的积极性，比如，学生在搜索作者王安石时不光找了他的生平重要事迹，还把他的轶闻趣事也找了出来，有的还找到王安石的纪录片。这个过程实际

上是学生在自己心中建构王安石形象的过程。学生搜索到的课件也有很多精品，在搜索、挑选课件的过程中实际上就在自我建构起对课文的认识。

网络的丰富资源与方便的检索功能给学有余力的学生提供了更广阔的学习空间，扩展了学生的知识视野，提高了语文教学的知识含量，有利于培养学生的自主学习能力，使语文教学更加有效。

二、利用网络多媒体创设情境，增强学生情感体验

创设情境是语文有效教学的一项重要手段，语文课堂教学是否有效，很大程度上取决于学生的情感投入度。学生自己体验到的胜过教师的说教，“知识、经验以及其他教育影响只有通过学生自己去体验才能真正走进学生的内在精神世界，成为学生生命的一部分”。教师根据课文描绘的情境，创设形象鲜明的图片，辅以生动的语言，借助音乐的艺术感染力，去再现课文所描绘的情境形象，使学生闻其声，见其人，身临其境，让学生自己体验、思考，变被动接受式学习为主动发现式学习。直观形象的情境增强了教学的吸引力，激起学生各种感官的参与，使学生在富有感染力的意境中获取知识、领略文章“美”，进而思考人生。

但以往语文课堂创设情境有很大的局限性：①时间短。在课堂上，几张图片、一段视频一闪而过，这边学生都还没有真正进入体验，老师就开始提问了，这么短的时间，情境效果有限；②形式单一。创设情境的手段很多，但课堂上短时间内能用的只能是一两种，并不能充分调动起学生的情感，因为学生兴趣不同，特点各异。有的学生对图片敏感，有的对视频敏感……众口难调。③单向不可选择性。老师创设情境是针对全班的，即使有些学生不感兴趣，还得陪着别人一起假陶醉，对他们来说这样的情境就是无效的。

利用网络天然的多媒体特性及双向交互性可以很好地解决这一难题。网络创设的情境丰富多彩，有图像、照片、影视、动画，再配以音乐、拟音、解释以及文本等，真正做到了声情并茂、情境交融。网络创设情境具有以下特点：

1．资源丰富，形式多样

利用网络根据课文特点创设情境既可以让时光倒流，再现历史事实，又可把世界各地风光与风土人情引进语文课堂，使情境教学内容达到形神兼备、声情同步的效果。同时，网络可以把视频、音频与文本等有效整合，使学生能够身临其境地感受，唤起学生对生命体验的回忆，诱发学生想象的欲望，从而帮助学生正确、深入地理解所学的课文，提高认知能力，主动发现课文中能与生命产生共鸣

的元素，悟出文章的真谛。

2. 双向交互的可选择性

网络根据课文创设的情境不是单向的，是可以根据学生自身的兴趣特点选择的，由学生控制，就像自助餐一样。教师充分利用网络信息平台创设情境，提供图、文、声、像，为学生营造一个能激发他们更大自主学习兴趣的具有可视、可观、可感的学习环境。“让学生在真实的、复杂的情境中学习，引导他们利用自己原有认知结构中的有关体验，主动地去同化和顺应当前学习到的新知识，解决新问题，从而赋予新知识某种意义。”

3. 可重复性

网络上的情境并非一闪而过，不可回复，而是可以根据学生自身的需要反复播放的，学生可以反复体验，仔细咀嚼，真正投入到课文的情境中去。

在讲到《游褒禅山记》游洞经历的第二段时，笔者为了能让学生充分体验到当时作者的感受，设置了“身临其境”的界面，提供了几种情境让学生自主选择感受：①探洞短片，如《勇者无畏：太华峡谷探密土匪洞》《衢州白马乳洞探险》；②褒禅山洞的图片；③洞的美丽景观图片，如石花洞风景图、张家界九天洞风景图。学生不仅可以根据自己的兴趣自由选择观赏，还可以反复浏览自己喜欢的情境。学生在观赏完后切实感受到探洞之游的艰险，体会到作者游洞时复杂矛盾的心情，既向往洞中未知的景观，又对洞中深处未知的艰险怀有畏惧心理。这样，学生就更能深入地领会到“志”的重要性。

三、利用网络强大的交互功能促进学生自主探究、合作学习

语文新课标强调学生“自主、合作、探究”式的学习，“鼓励学生在个人钻研的基础上，积极参与讨论及其他学习活动”。但在语文课堂实际教学的过程中，有两种现象比较普遍：一种是流于形式，有些老师设置一些所谓探究的问题，只不过是走走过场，摆摆样子，最后还是老师宣布正确答案，草草收场；另一种是高耗低效，老师非常重视自主探究式教学，整堂课热热闹闹，教师和学生都显得很忙，耗费时间不少，解决的问题却不多。前一种是伪自主探究式教学，实际上还是传统语文课堂，只不过贴上了“自主探究式教学”的标签。后一种现象则是未控制好“自主探究”的秩序，学生在热烈探讨时容易跑题，甚至沦为变相的闲聊。造成后一种现象原因如下：①讨论的问题无针对性，是老师想当然设置的，并非学生所关注的，学生不感兴趣；②讨论的问题太浅或太深，太浅则无探

究的价值，太深则讨论不起来；③时间短，学生手头掌握的相关资料有限，探究流于主观情绪的表达。

在网络环境下的自主性探究式学习却可以避免这些弊端。

第一，网络资源丰富开放，为学生提供了个人钻研的条件，学生可以完全按照自己的情况，根据自己的需要对网络资源进行筛选、加工、整合，编辑自己的信息资源库，为探究做好资料的准备，成为学习的主人。

第二，在网络环境下，语文学习者通过网络实时交互和非实时交互的方式进行互动，教师可以准确掌握学生对教学内容的疑难点与兴趣点，可以从学生的真正关注点出发去找到探究的激发点，做到有的放矢。这样设计出来的探究问题针对性强，难易适中，并为学生所关注，从而提高了语文课堂探究教学的有效性。

第三，在虚拟的网络环境中，人与人的地位是平等的，大家有充分的言论自由，能充分表达自己的见解，并能直接说出自己的想法，按照自己的人生经验和心理体验去理解世界和解释现实。这有利于打破教师的权威，激发学生的个性，培养学生自主、独立、善于合作的人格，并在现实课堂呈现同样的学习习惯，提高课堂的有效性。

笔者在教授《游褒禅山记》时，设置了两个网络界面“为学生创设良好的自主学习”环境：

1. 自主检测

笔者将《游褒禅山记》相关的背景知识、作者知识、文言字词、课文基本内容编成选择题形式的自测题，让学生课前在网上自我检测。学生作答完毕后，利用网络的及时反馈功能，立即做出正误判断，并出示正确答案和分析。在网上完成自测既可以让学生及时检测自己的预习效果，又可以避免当众被测时紧张、害羞的心理，积极参与到课堂活动中。

2. 在线讨论

“在线讨论”的界面利用了网络强大的交互功能，为学生提供了一个自由交流、发表见解的空间。学习中遇到疑惑的学生可以点击“我要提问”寻求帮助，能够回答的学生可以点击“我要回答”进行回复，实现互助合作式学习。学生在发表自己意见的同时能够及时看到其他同学的观点，及时形成共鸣或进行辩论，极大调动了学生参与讨论的积极性。老师通过浏览问题可以更加明确教学难点，有的放矢地进行突破，提高课堂效率。

网络互动平台给了学生没有顾忌说出心中疑问的机会与空间，也为学生提供了互相释疑的机会，学生可以充分发挥自己的主动性，在提问中增强对课文的理解，在答疑中表现自己的聪明才智，即增长了知识也获得了自信与成就感。老师能够关注到每一个学生的学习过程，准确了解班级整体预习情况，并根据学生的作答情况及时调整课文内容介绍和文言文知识讲解的详略安排。老师通过网络互动平台也深入了解了学生的疑难与兴趣所在，从而使课堂教学避免了无的放矢，提高了效率。

四、利用网络自由开放的特性强化学生自我表达的意识

新课标要求让学生“学会多角度地观察生活，丰富生活经历和情感体验，对自然、社会和人生有自己的感受和思考”，“能考虑不同的目的要求，以负责的态度陈述自己的看法，表达真情实感，培育科学理性精神”，“力求有个性、有创意的表达”。

但在实际的语文课堂上，学生很难有表达自己的机会。原因主要有两个：①课堂时间有限，不可能每个学生都能得到表达的机会，悟性差一点的学生因为思维慢，往往需要较长时间思考才能表达，因此常常被冷落一旁。于是，语文课堂就成了几个思维敏捷、口齿伶俐的学生的舞台，其他同学则成了陪衬，表达意识越来越弱，不利于个体的发展；②学生胆怯怕羞。许多学生因为能力有限、自信心不足或是生性腼腆，羞于当众表达，他们上课一发言就紧张，一紧张就出错，恶性循环，最后干脆拒绝发言，导致语文表达能力得不到提高。

而网络的运用彻底革除了这些弊端。首先，学生在网络上发表见解时有充分的思考时间，保证了见解的质量；其次，形式自由，束缚少，学生即使是只言片语也可以发表，降低了难度，保证了学生的积极性；再次，学生的发言可以形成文字，长时间保留在论坛供人阅读，学生充分享受当作者的乐趣与成就感。苏霍姆林斯基说过：“成功的体验是一种巨大的情绪力量，它可以促进学生好好学习的愿望。”这激发了学生创造思维的乐趣，较好地贯彻了新课标让学生“对未知世界始终怀有强烈的兴趣和激情，敢于探异求新，走进新的学习领域，尝试新的方法，追求思维的创新、表达的创新”的要求。

笔者在《游褒禅山记》的教学过程中设计了“七嘴八舌”的界面，让学生围绕话题（王安石旅游半途而返很不如意，由于善于思考，竟妙手偶得千古流芳的美文。大家可能也经历过一些失意之事，尝试着换个角度思考，说不定会有意外的收获呢）发表自己的看法。结果第二天界面上就多了许多帖子，有的学生说困难让他收获了坚强，有的学生说生病让他感受到亲情的温暖，有的学生说当过

差生的经历让他学会了尊重他人。有的学生总结到“人的一生是在不断失去中丰盈，20 岁的人失去童年的无忧无虑拥有青春的梦想；30 岁的人失去青春的梦想拥有务实的才干；40 岁的人失去蓬勃的朝气拥有优雅的成熟；50 岁的人失去旺盛的精力拥有丰富的经验；60 岁的人，失去所有的职位拥有一身的轻松”。虽然见解各异，但都闪耀着学生们思维的光芒，折射出他们对生活的独特体验。

综上所述，网络技术运用可以完善与实现语文有效教学。它打破了课内课外的时空限制，极大拓展了课堂的长度与深度。学生在课外可以利用虚拟的网络课堂自主学习自我建构，可以自由大胆地质疑探究合作学习，生生互动、师生互动随时随地自然展开，为课堂教学做了充分的准备与预热，教师根据学生在虚拟网络课堂的学习情况有针对性地设计教学环节，更加集中地解决学生学习中的疑难问题，更加有效地组织学生自主探究合作学习，使学生真正成为学习的主动参与者和建构者，在语文学习中沉淀出属于自己的思维方式和精神，从而获得个体有效的最大发展。

参考文献

［1］辛继湘．教学价值的生命视界．长沙：湖南师范大学出版社，2006.

［2］高慎英，刘良华．有效教学论．广州：广东教育出版社，2004.

［3］余文森．当代课堂教学改革的理论与实践．福州：福建教育出版社，1998.

［4］中华人民共和国教育部．基础教育课程改革纲要：试行．2001.

［5］钟启泉等．为了中华民族的复兴为了每位学生的发展：基础教育课程改革纲要（试行）解读．上海：华东师范大学出版社，2001.

［6］中华人民共和国教育部．普通高中语文课程标准：实验．北京：人民教育出版社，2003.

诗歌教学中的审美教育

王志研

【摘要】诗歌教育其实就是在进行审美教育，是为了提高青少年的审美能力，把美的种子播撒到他们的心田。诗歌的美学结构分为三个层次：“悦耳悦目”的形式美、“悦心悦意”的形象美、“悦神悦志”的意蕴美。诗歌教学中的审美心理结构构建可分为三阶段：培养敏锐的审美感知能力，增强审美体验（审美想象、审美移情），达到审美理解。诗歌教学中，还应有意识地引导学生在社会实践中去发现美、创造美。

【关键词】审美感知　审美体验　审美理解

一、审美教育的重要性

在这个科技飞速发展、信息爆炸的时代，很多人变得更加急功近利，所学的一切都是因为实用，情趣也趋于肤浅、庸俗。审美有时就像一顶遗失的金草帽，只存在人们的记忆中、想象中。而长时间不读诗、不欣赏艺术，就会如达尔文所说，“我的思想似乎已经变成了一种机器，它只是机械地从无数事实和原料中剔取出一般规律……事实上，失去这种趣味和能力就意味着失去了幸福，而且还可能进一步损害理智，甚至可能会因为本性中情感成分的退化而危及道德心”。“这种趣味和能力”即审美趣味、审美能力。

审美教育是贯穿于任何一门学科之中的，而语文是最具人文特性、最具诗意的学科。诗歌教育其实就是在进行审美教育，是为了提高青少年的审美能力，把美的种子播撒到他们的心田。朱光潜先生认为，读诗“使人到处都可以觉到人生世相新鲜有趣，到处可以吸收维持生命和推展生命的活力”。的确，审美能让人们的头脑、精神乃至灵魂变得更澄明、丰富、深刻和美好。“审美教育直接培育人的心灵，使人的个性得到和谐而完美的发展。通过审美教育，唤醒了人在现实生活中受到束缚而沉睡的潜在性能，激活这种潜能，从而在新的实践中得到发挥。”

二、审美客体：诗歌的美学结构

诗作为美的载体之一，是一种比别类文学“较谨严，较纯粹，较精微”的艺术形式。它以语言（词）为媒介，运用词进行思维，是一种精神性的存在。它是一个由多层次结构统一综合所组成，其全部审美价值存在于互为异质的诸存在的“多声调和”。

1.“悦耳悦目”的形式美

诗歌的内容是现实生活的高度集中和概括，其语言必须精炼、准确、富于表现力，还要求音调和谐，具有强烈的音乐性。诗歌的形式美属于物理存在层之美，它通过其符号即诗歌的外在形式（色、形、音等）“直觉式”地引起人的“悦耳悦目”的初级美感。闻一多先生提出的“音乐美、绘画美、建筑美”，就是这一层次的美。

新月派代表人物徐志摩先生的代表作《再别康桥》，形式上，四行一节，每一节诗行的排列错落有致，每句的字数基本上是六七字，于参差变化中见整齐；每节押韵，逐节换韵，诗的开头和结尾重叠、复沓，加强了诗的节奏感和旋律美，增强了诗的音乐性。诗人选用的词语色彩绚丽，富有立体感，给读者带来视觉上的享受。

“悦耳悦目”的形式美能产生一种诱导效应，但优秀的诗歌仅有这些还是不够的。

2.“悦心悦意”的形象美

诗的语言的解释是物质层的，诗形成的画面是心理层的。在欣赏作品的过程中，读者对作品思想深刻领悟和启迪，在情感上产生强烈共鸣，再染上作品的情感和色调，即主体心灵（审美情感、审美想象、审美理想）与情节、意境、气韵等交融，达到“悦心悦意”的中级美感，如意象美、情致美等。

“君家何处住，妾住在横塘。停舟暂相问，或恐是同乡。”（崔颢《长干曲》）寥寥几笔，人物、场景跃然纸上。天真的横塘姑娘听到对方带有乡音的片言只语时的喜出望外，男女青年之间特定场合的对话，文字外的那种简朴而隽永的情趣，是需要读者调动经验去体会，去咀嚼，去回味的。

3.“悦神悦志”的意蕴美

真正的艺术美不在于它提供了形象，而在于它提示、暗示，引发了意蕴。没有意蕴，便只是浅层的美，不是真正的美。

审美主体充分发挥审美能动性，对作品的言外之意、意外之境进行总体把握，达到“超以象外，得其环中”的境界，呈现出对客观事物必然性的瞬间感悟和对人生、理想的执着追求——“悦神悦志”的高级美感，似乎心灵运动受到震撼和洗涤。意蕴美属于哲思存在层、精神存在层之美。

不朽的作品都达到了哲思层次。“问君能有几多愁，恰似一江春水向东流”蕴含着的内在悲情是一种美，“采菊东篱下，悠然见南山”的散淡之心是一种美，“天生我材必有用”中的自信又是一种美……

“你站在桥上看风景，看风景人在桥上看你；明月装饰了你的窗子，你装饰了别人的梦。”（卞之琳《断章》）诗歌在一种被分割而又体现出统一的生活时空上创造出两组相关的意象，以两幅优美的画面隐喻、暗示人生中许多“相对”的关系，写出了一刹那的意境，寄寓了深刻的哲理。

三、诗歌教学中的审美心理结构构建

“通过诵读，感受诗歌的音乐美，体验诗中的节奏、韵律，体会诗中浓郁的感情；通过感知和分析诗歌语言，进行联想和想象，理解诗中生动、鲜明的形象（意象）；品味诗歌的意境美，领悟诗的主旨和意味。”这是新教材诗歌单元的教学目标，也是合乎艺术审美教育的特性的。因为审美教育是以审美诱导（愉悦）为先导，以审美情感为内驱力（中介），最后获得深入人的潜意识深层领域的陶冶净化效应。

1. 培养敏锐的审美感知能力

敏锐的感知是积累丰富的内在感情的重要手段，因为对内在感情的体验往往是通过感官对外部自然形式和艺术形式的把握来完成的。好诗如画，好诗如歌。每一首诗就是一个审美成果或审美对象，具有丰富的审美价值。教师要让学生多接触诗歌艺术，引导学生去亲身体验和感受诗歌中的审美对象，并有意识地指导他们深刻挖掘各种审美因素，达到悦耳悦目的初级审美体验。

教师可以根据所教诗歌的内容，运用各种教学手段，如选用、自制一些挂图，或设计、制作多媒体课件，创作彩色幻灯片，欣赏诗歌书法，使学生迅速感知图画美。如毛泽东笔下绚丽多姿的湘江秋景图，苏东坡那气势磅礴的“大江东去”图，王维的“明月松间照，清泉石上流”，李白“难于上青天”的蜀道，那一幅幅绝妙的图画，都可以将学生带入美的氛围中，激发学生读诗的兴趣，培养他们对美的感知能力。

想把握诗歌的音乐美，教师就要指导学生进行美读，“有节奏、有感情地朗读”（叶圣陶），读出诗歌的韵味；放手让学生自主诵读，发挥其主动性、积极性。只要真正进入角色，身临其境，拿什么腔什么调读都可以。只要积极性高涨，可以读得慷慨激昂，可以读得委婉含蓄，与诗意、诗情、诗境合拍；只要发挥主动性，读出语言的味道，读出语言的表现力、感染力就行。还有，配乐朗诵、节日抒怀、吟唱会等均为较好的读诗方法，都能使学生更好地感知诗中的审美因素。

2．增强审美体验

审美体验是审美主体和审美客体之间的一个支点，是审美主体对审美对象进行聚精会神的体验时所感受到的无穷意味的心灵战栗。在感知基础上扩大、丰富审美对象，使对象审美化，使主体产生审美想象，进入“神思”领域，达到“神与物游”的境界。想象总是联系着情感，想象移到对象上，对象融于主体。

诗歌中的形象是生动鲜明的，是借助客观物象（如山川草木等）表现出来的主观感情形象（意象）。欣赏诗歌，不仅要着眼于它们所描写的客观物象，还应透过它们的外表，看到作者在其中注入的意念和感情；注意主客观两个方面融合的程度。如“一去紫台连朔漠，独留青冢向黄昏”简短而雄浑的两句诗，写尽了昭君一生的悲剧，别离汉宫，远嫁匈奴，死葬塞外，独留青冢。但她怀念故国之心，永远不变，“环珮空归月夜魂”，魂灵会在月夜归来。杜甫在《咏怀古迹（其三）》中写昭君的怨恨之情时，何尝不是在寄托自己的身世家国之情，寄托自己想念故乡的心情？“登山则情满于山，观海则意溢于海”，欣赏诗歌时，也要注意审美移情，读者的感情与诗人的感情产生强烈共鸣，与诗中的意象交融为一体。

“诗是动的画，画是动的诗”（德·莱辛），“诗中有画，画中有诗”（苏轼）。一首诗就是一幅画或多幅画，是由众多意象组合起来的画。诗歌教学中，要引导学生脱去俗念，移动性情，展开丰富的想象，让诗中景、诗中物、诗中人在学生脑海里浮现、加工，展现一幅幅立体的图景进入诗中的境界。引导学生步入诗境，使他们如见其景，如见其物，如见其人，如闻其声，达到心灵的沟通、情感的交融。如王维的《山居秋暝》：“明月松间照，清泉石上流。竹喧归浣女，莲动下渔舟。”在这青松明月之下，翠竹青莲之中，生活着一群无忧无虑、勤劳善良的人。教师可以根据这组画面，激发学生的想象力，画出一幅乃至好几幅画，让学生在绘画过程中进行合理的想象和创造，使绘画作品更富有情节性，更好地使学生产生审美愉悦，在实践中发展和完善个性。

教学中，还可以指导学生把诗歌（尤指古诗词）改写成一篇篇具有环境描写、故事情节、人物对话等的白话美文。如毛泽东的《沁园春·长沙》《沁园春·雪》，李白的《蜀道难》，可以让学生改写成散文，杜甫的《兵车行》、柳永的《雨霖铃·寒蝉凄切》，可以让学生描写诗中的凄切场面。这样不仅能激发学生学习诗歌的兴趣，还能培养学生的想象力，提高学生的写作能力，同时也能更好地领悟诗中情景交融的意境美。

3. 达到审美理解，即领悟阶段

审美理解既要求读者对自然和艺术有大量的感性接触，又要求他有广博的学识——对各民族的深层意识和各个时期的时代精神的认识，对各种艺术的风格的认识等。中国审美体验的最高范畴是“畅神”“悦神悦志”，即在审美过程中，审美主体迅速突破对审美对象外形式的掌握，而以其心灵去体味内形式的意蕴，达到审美理解，审美超越。

诗歌教学中，当学生对诗歌的音乐美、图画美有了深刻感受，对诗歌的意象美、情致美等有了整体把握后，要发挥学生的能动作用，引导学生学会用自己的观点去理解、感受诗歌所带来的美感，在听、说、读、写的同时，感情也能随着课堂教学的延伸而产生共鸣，发生起伏，并从中得到一种心理上的艺术满足；教师要有意识地让学生咀嚼、体会和感悟诗中美妙的意境、高尚的情操、深刻的哲理。李清照的名句，“寻寻觅觅，冷冷清清，凄凄惨惨戚戚”，三句一连串的叠字，音调声韵，本身就构成一种音美，透露出一股朦胧的愁怆之情。正是这种“有意味的形式”中的“意味”又和作者所要传达的“意蕴”相接通，传达出一种明确的感情——“这次第，怎一个愁字了得”。于是，这首词的“意境”就甚为深远，它饱含了诗人深切的审美体验。又如“星垂平野阔，月涌大江流”（杜甫《旅夜书怀》）那雄浑阔大的境界，“会当凌绝顶，一览众山小”（杜甫《望岳》）中那不怕困难、勇于攀登绝顶、俯视一切的雄心和气概，“天生我材必有用，千金散去还复来”（李白《将进酒》）的自信与狂放，“大江东去，浪淘尽，千古风流人物”（苏轼《念奴娇·赤壁怀古》）中的豪迈与旷达等，诗中蕴含的思想精华和情感魅力，使学生“畅神”于诗歌意外之意，体验到真正的美，感悟到美的东西更重要的是在“言有尽而意无穷”之中。

诗歌教学中，还应有意识地引导学生在社会实践中去发现美、创造美。当然，审美教育不能直接影响实践，不可能直接去创造美的环境，而只能直接塑造美的心灵，而且它是通过逐步改变人的心理结构才能做到这一点的。

总之，在诗歌教学中，教师要深入挖掘教材中的审美对象，善于引导学生感知美的因素，最大限度地激发学生的主体能动意识，积极建设、转化有利的审美对象，让学生从情绪体验中得到美的感受、美的愉悦；引导学生在体验美的基础上，发现美、创造美；并在发现美、创造美的过程中再次体验美；使学生在审美过程中，更好地完善自己的人格，陶冶自己的情操，加深文化的积淀。

参考文献

[1] 滕守尧. 审美心理描述. 北京：中国社会科学出版社，1985.

[2] 胡经之. 文艺美学. 北京：北京大学出版社，1999.

[3] 于漪. 古诗词阅读指要. 中学语文教学参考，2001（6）.

[4] 陈小梅. 诗歌教学中的审美体验：高中语文新教材诗歌教学心得. 平阳山门中学报，2002.

[5] 课程教材研究所. 全日制普通高级中学教科书：语文第一册教师教学用书. 北京：人民教育出版社，2003.

高中数学弹性作业设计的实践与探索

赵秉乾

【摘要】数学教学中，想让每一位学生得到最大化发展，必须考虑学生的差异性，依据教学内容设计适合每位学生的弹性作业。既要关注学习困难的学生，又要关注能力超常的学生，使每一位学生尽自己所能掌握基础知识，最大化发展能力，同时培养学生的自主学习能力，激发学生的学习兴趣，发展学生个性，提高教学质量。

【关键词】差异　适合　弹性　发展

一、问题的提出

作业是课堂教学的重要组成部分，也是课堂教学的延伸。数学作业的质量直接关乎数学教学的质量，所以每一位数学教师把作业的设计、布置、批改、更正视为数学教学的重要环节。但是，长期以来人们往往把作业的功能定位于“知识的巩固”与“技能的强化”，把教学目标内容作为设计作业的主要依据而忽视了作业的主体——学生的情况，导致作业陷入了内容呆板、形式单调、缺乏个性化、布置随意性大的误区，使学生在做作业时没有了积极性，变成了为完成而完成，从而严重禁锢了学生思维和潜能的发展，影响了学生人格的成长。一方面，教师乐此不疲地布置大量作业，另一方面学生有的反映“吃不饱”，有的高喊“受不了”。如何解决这些矛盾和问题？我们尝试从学生出发，既要考虑学生的差异性，依据教学内容设计适合每位学生的弹性作业，让学生想做作业、乐于做作业，又要引导学生在创造性的作业活动中充分发挥自己的潜能，让作业成为学生放飞思维和潜能的天空。

二、弹性作业设计的内涵

英国经济学家阿尔弗莱德·马歇尔提出，弹性是指一个变量相对于另一个变量发生一定比例的改变的属性，通常人们用弹性比喻事物的可多可少、可大可小等伸缩性。可见弹性的本质是积极、灵活、适合、平衡，量力而行，使潜能得到最大释放。弹性作业，即本身具有灵活性，作业形式、作业内容能适应不同学生的变化性作业，作业设计者能考虑到学生在作业过程中的差异因素，从而制定能适应差异的有一定弹性的作业。弹性作业要求老师布置作业不能“一刀切”，而是让不同知识水平和个性特征的学生能根据自己的特点和占有的时间，自主选择作业，在作业的形式、内容、难易程度、作业量、完成作业的时间等方面都体现弹性。

三、弹性作业设计的理论依据

1. 差异教学理论

对于差异教学的定义，华国栋教授认为“差异教学是指在班集体教学中立足学生差异，满足学生个别的需要，以促进学生在原有基础上得到充分发展的教学”。《“差异教学”实质刍议》中指出“差异教学”是在班集体教学中，利用和照顾学生个体差异，建立在教育测查和诊断基础上，“保底不封顶”，以促进学生最大发展为教学目标，多元化有弹性组织管理的教学。应用差异教学理论，在作业设计上关注和重视学生的个别差异，在共性的基础上，针对不同的学生设计不同要求的作业，使不同层次的学生都有所获，增强他们学习数学的兴趣和自信，促进学生的发展。

2. 关于“优化”的理论

苏联教育家巴班斯基以唯物辩证法为指导，将系统论、控制论的基本原则和方法引进教学论的研究，提出了教学过程最优化的理论，即在规定限度的时间内取得最大可能的教学效果。数学作业（包括课内作业、课外作业、阶段性检测作业）是教学活动的有机组成部分。设计具有弹性的数学作业，使作业的时间和效果达到最优状态，实现学习的高效益，既提高学习质量，又不增加学生负担。

3. 数学课程标准理念

“关注学生发展”是新课程的核心理念，课程标准强调构建“知识与技能”

“过程与方法”“情感态度与价值观”相融合的新课程目标体系，倡导自主学习、探究学习和合作学习等新的学习方式，鼓励学生在活动中学习，强调教学中的“民主、交流、互动、对话”。强调“经历与体验”，重视“过程与方法”。这就要求我们所设计的作业要围绕学生的“最近发展区”展开，让学生完成数学作业后能有效提高数学能力。

四、弹性作业设计的基本原则

1. 目标性原则

弹性作业的设计不是只考虑弹性而不考虑目标，设计的作业从内容、形式、要求等方面均要有利于达成教学目标，能建立广泛的联系和迁移，作业目标明确，指向教学核心问题。

2. 主体性原则

学生是学习的主体，如果设计作业不考虑学生的实际情况，那么设计的作业与预设的目标可能就是两张皮。学生的情况是设计弹性作业要考虑的最重要因素，要以每一位学生的发展为本，设计最适合他们的弹性作业。

3. 实效性原则

弹性作业的设计要讲求实效，重视知识、能力的点滴积累，不能急于求成。

4. 差异性原则

学生是有差异的，发展性教育理论认为“差异是一种资源”。为此，教师在设计作业时，要对作业量、作业难度、作业方式等做适当调整，进行弹性化处理。

5. 趣味性原则

枯燥乏味的学习活动容易使学生产生疲劳，弹性作业的设计要善于把握数学的学科特点和文化内涵，结合学生的年龄特点，通过对作业的形式、内容、难度等的处理激发学生的作业兴趣。

五、例说弹性作业设计的方法

1. 作业布置自主化

作业布置自主化即作业内容由学生自主确定，将做什么作业的主动权交给学生，充分体现作业的弹性。让学生自主确定作业内容不仅可以有效地调动他们学习的主观能动性，激发他们的学习热情和多元思维，发展个性，共享和丰富学习资源，而且可兼顾个体之间的差异，使他们百花齐放，各有进步，实现“我的作业我做主”。同时，这样的方法也能促进师生的互动，实现教学相长。

例如，初中毕业将要升入高一的新生，教师从未见过他们，无法了解他们的学习水平、个性特征，若布置一堆暑假作业，他们会望而生畏，这会挫伤一部分同学上高中的信心。我们布置了这样的暑假作业：请你每天做一道适合自己的数学题，题目自选，要求抄题，并写出解题过程和解后反思。事实证明，所有学生都完成了作业，有些同学发挥主观能动性，解题反思写得很到位。

2. 作业难度层次化

作业难度层次化是指针对不同水平的学生设计不同难度的作业。这一方法现在被老师们日常普遍使用。需要指出的是，教师应该根据学生的个性差异和不同学习需要，精心设计布置难度不同、数量不等的作业，让不同层次的学生都能顺利完成，让学生“跳一跳”都能摘到自己所需求的“苹果”，体验学习成功的乐趣。

学校设计数学作业的结构为“3 +1”层：第一层“众人天地”、第二层“达人乐园”、第三层“超人世界”、第四层（ +1 层）“飞人俱乐部”，明确学生必做部分和选做部分，其中“飞人俱乐部”不布置作业题，是针对特别优秀学生设计的由学生自主选题完成的作业，即学生在完成所有作业的基础上，如果还有时间，自己可在参考资料上选题做或研究题，通过班级宣传栏介绍给其他同学。需要指出的是，“众人天地”中，如果学生觉得属于自己已掌握的内容可以不做或选做几题。

3. 作业目标适应化

作业是学生为达到学习目标、完成既定任务而开展的学习活动。设计作业要有利于整体教学目标的实现，同时为了顾及学生之间的差异性，也考虑到期望目标与实际结果之间可能出现的差异，作业目标要有“弹性区间”，适合学生的实际水平。例如，“平面向量数量积的物理背景及其含义”的课后作业目标：①巩固平面向量数量积的定义、重要性质及运算律，能利用这些知识解决简单的相关问题；②能运用相关知识解决综合性问题，培养数形结合能力。其中目标一是刚性目标，目标二是弹性目标，将作业题分类注明“夯实基础”“能力提高”“拓展研究”，目标清晰，学生达到刚性目标即达到教学基本要求，弹性目标由学生“量体裁衣”，激发学生求知欲望。

4. 作业内容变式化

数学教育家波利亚说：“一个有责任心的教师与其穷于应付烦琐的数学内容和过量的题目，还不如适当选择某些有意义但又不太复杂的题目去帮助学生发掘题目的各个方面，在指导学生解题过程中，提高他们的才智与推理能力。”教师在设计作业时要善于探究知识中的潜在因素，合理、恰当、巧妙、灵活地设计一些变式化开放性作业，让学生结合自己的水平和时间从易到难对系列变式题有选择地做，学生在完成作业的过程中，能对所学知识进行理解巩固，逐步形成完善合理的认知结构，从而对学生的思维进行求“新”、求“全”、求“活”的调控。关于如何设计变式作业题已有很多论述，在此不再赘述。

5. 作业评价多样化

作业评价是作业设计中不可缺少的一环，通过作业评价可以起到对教学的诊断、调节作用和对学生的激励作用。作业评价多样化是指作业评价的方式、方法、标准灵活多样。一是评价标准多样，不能用一把尺子去度量所有的学生，在作业批改时，充分发掘学生解题过程中的思维闪光点并加以肯定，因势利导让学生得以进步。例如，同样的题同样的解答，对基础弱的学生给予更高的评价。二是评价方式方法多样，学生自我评价自我反思，学生相互评价相互学习借鉴，教师评价给予学生指导。三是评语文化积极向上，富有启发性。点拨式评语，引导学生反思纠错；启发式评语，激发学生拓展思路；激励性评语，增强学生学习信心。例如，有多种解法的题而学生只采用了一种方法，对此，教师可采用启发式评语“是不是还可以尝试另外一种解法”“爱动脑筋的你肯定还有其他路子”“你肯定还有高招，因为你是我的骄傲”等。

6. 作业形式开放化

作业形式开放化即作业的形式多种多样，不拘一格，例如，学生写周记、实地测量、写论文、写总结、做教具、讨论研究等。比如，在人教版数学必修1学完后，教师可以布置这样的作业：写一篇论文《利用图像法解题例谈》；提示：可查阅资料；时间：两天；要求：小组合作或个人独立完成，将来选部分作业进行展示。这样的作业主动权完全掌握在学生手中，不存在完不成的情况，也能极大地激发学生的学习兴趣。

7. 作业时间灵活化

学生往往以完成教师布置的所有作业为目标任务，这就造成了有些同学需要花大量的时间完成作业，加重了学生的学习负担。教师布置作业时，可以用作业的时间为杠杆调整不同水平学生的作业，以完成作业最低目标设置作业的时间长度，学生可以自己将作业时间灵活处理。比如，对某一章节的复习型自测作业，教师要求学生用30分钟时间做，做到哪里就到哪里，若还有时间可根据自己的情况选做。对于有些不会做的题，先让学生写出想法或部分解题步骤，按时交作业，再利用零散时间思考不会做的题，这样便于教师针对学生情况及时进行启发指导。

六、弹性作业设计应注意的问题

弹性作业设计必须注意几个问题：一是不能死搬硬套以上方法，根据不同的作业目标、任务、特点灵活选用以上方法，或结合使用几种方法布置弹性作业。二是不能挫伤学生的学习积极性，弹性作业的本意是让不同能力的学生都得到最好的发展，激发学生学习的积极性，但是在实践操作中容易把学生分成三六九等，如此很容易挫伤学生的学习积极性。三是弹性作业的设计要符合学生的“最近发展区”，便于学生开展有效的思维活动，让学生有所感悟，有所发展。四是弹性作业的设计要避免走入题海，将“要我做”变为“我要做”，将“必须做”变为“选择做”，将“做题”变为“思题”，培养学生会学习的习惯和能力。

总之，数学弹性作业的设计要根据教学目标、学生的差异设计具有弹性的作业，既要关注学习困难的学生，又要关注能力超常的学生，使每一位学生尽自己所能掌握基础知识，最大化发展能力，同时培养学生的自主学习能力，激发学生的学习兴趣，发展学生个性，提高教学质量。

参考文献

[1] 齐立伟，姚冬梅，薛有奎．高中数学作业现状及成因浅析．当代教育科学，2011（8）．

[2] 赵东平．数学作业模式探索．知识窗（教师版），2011（1）．

[3] 郑玉莲．浅谈高中数学作业设计方案．教育教学论坛，2011（16）．

[4] 华国栋．差异教学论．北京：教育科学出版社，2001．

[5] 陈永胜．调整高中数学作业结构提高学习效果．才智，2010（29）．

[6] 陈安华．变式法设计作业的实践与探索．数学教学研究，2012（3）．

浅谈高中数学教学中学生的解题思维的培养

何淑龙

【摘要】 高中数学解题教学，重点关注解题思维，即通过数学概念的内涵及外延，观察、联想、类比、归纳、猜想等思维形式的呈现，提高学生数学思维的能力，培养学生学习数学的兴趣。

【关键词】 解题教学　解题思维　思维能力

学习数学在于解题，不仅善于解一些标准的题，还善于解一些要求独立思考、思路合理、见解独到的需要发明创造的题。由于教师的很多工作是根据升学率或学生整体的考试成绩来给予评定，因此几乎所有的教师都乐于选择范例。然而数学的特征是公式繁多、内容复杂、问题形式变化无穷。在将这样的范例付诸教学时，教师往往选择只给学生讲解和介绍题目的多种解法，却很少讲解产生多解的思维过程，然而解题教学的重要内容和意义就是要揭示解题中的数学思维。不少教师强调“类型归类”，即把数学题分为十几类甚至几十类，分门别类地向学生讲述，他们教育学生遇到问题时对号入座，笔者认为这种方法固然有一定的长处，但容易使学生思维僵化。

如何有效地组织高中数学解题教学，是历年数学教学研究中最热门的课题。我们在教学的过程中不仅要求学生直接参与解题，更要求学生能参与解题的思维活动。解题活动是学生在数学学习中最具有独立性的创造性活动，它对发展学生的思维、培养学生的能力、促进学生良好品质方面具有重要的作用。本文试图总结笔者在高中数学教学过程中的一些心得，谈谈以下两点。

1. 对概念的掌握

“工欲善其事，必先利其器。”如果要达到培养学生的解题思维的目的，我们得让学生明白高中数学所有教学内容中最基本的知识——概念。概念是思维的基本形式，具有确定研究对象和任务的作用。高中数学课程标准指出：教学中应加强对基本概念和基本思想的理解和掌握，对一些核心概念和基本思想要贯穿高中数学教学的始终，帮助学生逐步加深理解。

在数学中，一个首要的概念就是函数。以函数为例，函数的学习标志着从常量数学学习开始进入变量数学学习。理解函数要求学生在思维中构建一个过程，来反映函数可能出现的一个情形（解析式、表格或图像表示），对定义域中每一个特定值都得到唯一一个函数值的这种动态变化过程。在教学的时候不要把概念的讲授看作“名词”的解释而已。中学生的年龄决定了很大部分学生的辩证思维发展还处于很不成熟的时期，思维水平基本上停留在形式逻辑思维的范畴，只能局部、静止、分隔、抽象地认识所学的事物。学生函数概念的认知发展有3个阶段：作为“算式”的函数，作为“变化过程”的函数，作为“对应关系”的函数。贾丕珠教授在《函数学习中的六个认知层次》一文中指出，函数知识建构可分为6个层次，即理解变量、突出“关系”、区别函数与算式、紧扣“对应”、力求形式化、当作对象。这些都说明了学生对函数概念的学习理解，必须贯穿于整个中学数学课程的学习活动之中，经历循序渐进的过程。

通过对函数的概念这样一个最基本的内容进行说明讲解，掌握循序渐进的过程：老师首先解释说明，然后与现实生活当中的某一实际情况结合，比如所买商品与所付金额，邮件重量与邮资等，让学生把数学与生活联系在一起，如此我们就能很轻松地把学生引入一个通过所学知识来解决实际问题的境界，其间，可以进行讨论，调动学生的积极性。当有些时候这样的概念不能很直观地解决所遇到的实际问题时，可以接着引入到函数的性质上来。通过启发性的提问“这些概念和函数的性质是一种什么样的联系”，调动学生对数学的学习兴趣，摆脱枯燥冗长的讲解，促进学生辩证思维能力的提升。

2. 挖掘题目中的隐含条件

数学解题中最首要的问题是读懂题目，挖掘出隐含条件。所谓的隐含条件是指数学题目中那些含而不露的已知条件，或者从题设中不断发现并利用条件进行推理和变形而重新发现的条件。

我们经常说某个数学题目对多数学生来说是一个难题，难在哪儿呢？很大程度难在隐含条件的深度与广度。一般来说，隐含条件通常隐蔽在数学定义与性质中，或者隐蔽在函数的定义域与值域之中，或者隐蔽在几何图形的特殊位置上，或者隐蔽在知识的相互联系之中。因此，我们就要培养学生挖掘隐含条件的思维能力。把命题者所要告诉我们的潜在信息挖掘出来，清楚命题者的考查目的。为能够让学生挖掘出题目的隐含条件，培养学生的思维能力，在教学的过程中我们要培养学生做到以下几点：

（1）学会类比。解题不只是为了解某一道题而解题，要仔细分析已知条件，从类比中挖掘隐含条件。从相似比较中挖掘隐含条件的实质是类比，是一种铺垫激活策略。如 2006 年全国高考 I 卷文科卷的第 13 题：已知函数 $f(x)=a-1/(2x+1)$，若 $f(x)$ 为奇函数，则 $a=1/2$；2006 年山东高考理科卷的第 6 题：已知定义在 **R** 上的奇函数 $f(x)$ 满足 $f(x+2)=-f(x)$，则 $f(6)=0$。这种形式的题历年高考中都有所出现，那我们能不能这样想，同是奇函数，这两题都要考查哪些知识点呢？前一道考查的是奇函数的性质，后一道则明显告诉我们它有类似周期函数的性质，那我们能否联想到函数的奇偶性、单调性、周期性等能解决什么样的问题呢，它们的异同点在哪儿呢？在这样的比较中，可以培养出学生挖掘已知信息的思维能力。

例： 已知等差数列 $\{a_n\}$ 的前 n 项和为 S_n，若 $\dfrac{a_{2n}}{a_n}=\dfrac{4n-1}{2n-1}$，则 $\dfrac{S_{2n}}{S_n}$ 的值为（　　）。

A. 2　　B. 3　　C. 4　　D. 8

［**分析**］由一般性寓于特殊性中。

解法一： 取 $n=1$，得 $\dfrac{a_2}{a_1}=\dfrac{3}{1}$，$\therefore \dfrac{S_2}{S_1}=\dfrac{a_2+a_1}{a_1}=\dfrac{4}{1}=4$

$\therefore n=1$ 时，$\dfrac{S_{2n}}{S_n}=4$，选 C。

解法二： 由 $\dfrac{a_{2n}}{a_n}=\dfrac{4n-1}{2n-1}=\dfrac{2\cdot 2n-1}{2n-1}$，取 $a_n=2n-1$，故 $\dfrac{S_{2n}}{S_n}=\dfrac{\dfrac{1+(4n-1)}{2}\cdot 2n}{\dfrac{1+(2n-1)}{2}\cdot n}=4$。

本题解法一是将 a_n 中的 n 特殊化，而解法二是将 a_n 特殊化。解选择填空题时可通过选取特殊数、特殊函数、特殊数列、特殊图形、特殊位置等解题。

（2）学会观察求证的结论。很多数学考试的求证都是放在综合题上的，因为这些题要求学生的推理能力比较高。万变不离其"中"，严谨地审视求证的结论，从推理中挖掘隐含条件，根据结论反推。例如 2004 年全国高考Ⅲ卷理科卷的第 19 题：数列 $\{a_n\}$ 的前 n 项和记为 S_n，已知 $a=1$，$a_{n+1}=[(n+2)/n]\times S_n$ $(n=1,2,3,4,\cdots)$，求证：（1）数列 $\{S_n/n\}$ 是等比数列。从结论中我们知道 $\{S_n/n\}$ 一定是个等比数列，那它就具有等比数列的性质，那么 $q\times S_n/n=S_{n+1}/(n+1)$，而题目已知 $a_{n+1}=[(n+2)/n]\times S_n$，又由于 $a_{n+1}=S_{n+1}-S_n$，这样就能找到解题的纽带。所以，我们要培养学生从结论下手、观察结论解决问题的习惯。其实解题的实质就是消除或缩小当前状态与目标状态的差异，并运用数学知识与方法来缩小这种差异，直到问题解决。让学生形成学会观察求证结论的思维，无疑又缩小了当前状态与目标状态的差异。

（3）学会从审视已知条件中展开联想。数学的语言不像语文那样富于修辞，而是相当精练的，没有多余的成分。这使得数学题每一句话都能读出相关的信息，在读完题后，如果单独、孤立地审视已知条件达到“山重水复疑无路”时，联系几个已知条件审视，从联系中挖掘隐含条件，就可以出现“柳暗花明又一村”的新境界。培养学生的横向和纵向思维，展开联想，形成一种发散的思维方式。比如，在很多时候我们会遇到这样的题，已知某一函数的表达式，然后根据已知条件求出在一定条件下的极值。可是，在解题的时候学生往往会忽视的部分是它们的定义域的取值范围。我们对函数的所有计算和推理都是在定义域的范围内进行，这样就把问题的解决缩小在某一特定的范围之内，从而减小其难度。

由于共性寓于事物的个性之中。在解决一些比较复杂的问题时，当从一般角度难以入手、难以解决时，我们可通过考察和研究它的特殊情况，发现规律，寻求解题入手点。

例：在平面直角坐标系 xOy 中，过点 $P\left(0,\frac{1}{4a}\right)$ 任作一直线与抛物线 $y=ax^2(a>0)$ 交于不同的两点 A、C，以 AC 为直径的圆都与直线 $y=-1$ 相切，求 a 的值。

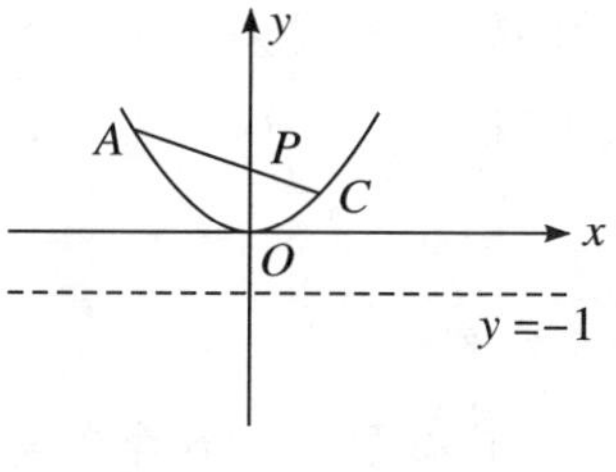

［分析］

思路一：很多学生拿到题后，直接设直线 AC 的方程为 $y-\frac{1}{4a}=kx$，

依题意知：以 AC 为直径的圆与直线 $y=-1$ 相切，为此，AC 的中点为圆心，可通过联立方程 $\begin{cases} y=kx+\frac{1}{4a} \\ y=ax^2 \end{cases}$，设而不求，求出圆心坐标，再利用直线 $y=-1$ 与

圆相切，则圆心到直线 $y=-1$ 的距离等于半径（要用到弦长公式求弦 AC 的长），经过繁杂的运算，可建立关于 k 与 a 的方程，$2k^2-2k+1=4a$，但随后就不知如何入手了。

思路二： 由题意：过点 $P\left(0,\ \frac{1}{4a}\right)$ 任作一直线与抛物线 $y=ax^2$（$a>0$）交于不同的两点 A、C，作特殊直线 AC：$y=\frac{1}{4a}$，它与抛物线 $y=ax^2(a>0)$ 交点坐标为 $A\left(-\frac{1}{2a},\ \frac{1}{4a}\right)$，$C\left(\frac{1}{2a},\ \frac{1}{4a}\right)$，由直线 $y=-1$ 与圆相切知 $\frac{1}{4a}+1=\frac{1}{2a}$，解得 $a=\frac{1}{4}$。再只需证明：

当 $a=\frac{1}{4}$，过 $P\left(0,\ \frac{1}{4a}\right)$ 即 $P(0,\ 1)$ 作一直线与抛物线 $y=\frac{1}{4}x^2$ 交于不同的两点 A、C，以 AC 为直径的圆与直线 $y=-1$ 相切，用抛物线定义易证。

思路二经历了直线 AC 的特殊化（与 x 轴平行）求出 a，再一般化用抛物线的定义证明：当 $a=\frac{1}{4}$，以 AC 为直径的圆都与直线 $y=-1$ 相切，解题思路清晰，运算量小，思维严谨。

通过以上方式培养学生的数学思维能力，不断提高学生的解题能力，让其带着思考去学习数学这门课程，避免出现题海战术。如果不能培养学生的数学思维能力，用所学内容解决所遇到的问题，而是一味地追求量的多少，必然会使学生走入眼高手低这样的怪圈，达不到从量到质的过渡目的。充分调动学生的主动性，带着问题去学习，用数学的思维方式去分析、考虑数学问题，不只为了解题而解题，这是数学教学的一大目标。

参考文献

贾丕珠．函数学习中的六个认知层次．数学教育学报，2004，13（3）．

以学生为主　构建高效课堂教学

金　明

【摘要】本文针对课堂教学中的“满堂灌”等现象，提出了课堂教学要以学生为主的教学主张。提出了以学生为主构建高效课堂教学的策略，即精心设计问题情境，激发求知欲；质疑探究，激发思维；互动交流，在合作中增强自主探索能力；变式迁移，提高解决问题的能力；解后反思，优化思维品质。

【关键词】高效课堂　质疑探究　变式迁移　思维品质

随着新课标的实施，广大教师的教学理念发生了一些变化，但以教师为中心，视学生为被动接受知识的“容器”“满堂灌”等现象依然存在，以致学生学习兴趣不浓，课堂参与度不高，课堂效率低下。构建高效课堂是摆在广大教师面前的重要任务。笔者认为要使课堂高效，必须要以学生为主。以学生为主的课堂教学，是以唤醒学生的主体性、培养学生的创新精神及促进学生整体素质全面提高为目的，以激励学生主动参与、主动思考、主动探索、主动创新为基本特征，以在课堂教学过程中建构具有教育性、创造性、实践性的学生活动为主的一种教学形式。以学生为主，构建高效课堂教学的策略如下：

1．精心设计问题情境，激发求知欲

“兴趣是最好的老师”，如果我们上课时能从学生感兴趣的问题或学生比较关注的话题入手，必能引发学生的好奇心，激发其学习动机，吸引学生去深入思考，这样就能让学生自觉地参与到问题剖析与解决过程中来。

案例1

相互独立事件的概率的引入

师：俗话说“三个臭皮匠，顶个诸葛亮”，能否用数学知识解读这个结论呢？（新颖的话题，引起学生深思，有少数学生还尖叫“可以”）

师： 要了解此问题，我们可探讨如下问题：诸葛亮很有智慧，假设他独自一人解决问题的概率是0.9，三个臭皮匠他们独自一人解决问题的概率是0.6，今诸葛亮独自研究某一个问题，三个臭皮匠组成一组也同时研究此问题，我们能否计算一下诸葛亮是否比三个臭皮匠在同一时间内解决的概率大呢？

设计意图： 谚语故事易吸引学生，通过此问题的设计，引发了学生的好奇心，激发其学习动机与求知欲。学生必然会思考“如何求三个臭皮匠在同一时间内解决的概率”“这是什么事件的概率”。为教师讲解“什么是相互独立事件”“如何求相互独立事件的概率”等问题奠定了基础，指明了学习方向，同时也提高了课堂效率。

2. 质疑探究，激发思维

思维是从问题开始的。如果把学生的大脑比作一泓平静的湖水，那么教师富有针对性与启发性的课堂提问就像投入池水中的一粒石子，可以激起学生思维的浪花，启迪学生的心扉，开拓学生的思维，使他们处于思维的最佳状态。在教学中，教师应根据教学内容和学生的实际情况，从不同角度、不同层次和要求提出一些问题，引导学生去思考、探究，这样就可以使学生在掌握知识的同时发展学生的思维能力，提高其思维的积极性。

案例2

函数零点存在定理的理解教学片断

教师在引导学生归纳出函数零点存在定理后，让学生探索如下问题：

问题1： 如果函数 $y=f(x)$ 在区间 $[a, b]$ 上满足 $f(a)f(b)<0$，那么函数 $y=f(x)$ 在区间 (a, b) 内一定有零点吗？

生1： 一定有零点，函数零点存在定理就是这样说的。

生2： 生1不对，他没有注意定理的条件。如果函数 $y=f(x)$ 在区间 $[a, b]$ 上不连续，就可能在区间 (a, b) 内没有零点。

问题2： 这说明应用函数零点存在定理时的注意条件，也说明了函数图像要连续，那么函数图像不是连续不断的，函数就没有零点吗？

生3： 也可能有零点，并画图说明。

问题3： 如果函数 $y=f(x)$ 在区间 $[a, b]$ 上是连续不断的曲线，当 $f(a)f(b)>0$，那么函数 $y=f(x)$ 在区间 (a, b) 内一定没有零点吗？

生4： 可能有零点，并画图说明。

问题4：如果函数 $y=f(x)$ 在区间 $[a, b]$ 上是连续不断的曲线，当 $f(a)f(b)>0$，那么函数 $y=f(x)$ 在区间 (a, b) 内一定有零点吗？

生5：可能没有零点，并画图说明。

问题5：如果函数 $y=f(x)$ 在区间 $[a, b]$ 上是连续不断的曲线，当 $f(a)f(b)>0$ 时，它能作为判断函数是否有零点的条件吗？

生6：不能。因为当 $f(a)f(b)>0$ 时，函数 $y=f(x)$ 在区间 (a, b) 内可能有零点，也可能没有零点。

问题6：如果函数 $y=f(x)$ 在区间 $[a, b]$ 上是连续不断的曲线，且在区间 (a, b) 内有零点，那么一定有 $f(a)f(b)<0$ 吗？

生7：不一定，并画图说明。

师：通过以上讨论说明了函数在区间 $[a, b]$ 上“图像连续不断的”和“$f(a)f(b)<0$”是判断函数有零点的两个条件。

问题7：满足这两个条件时，函数在区间 (a, b) 内只有1个零点吗？

生8：不一定，并画图说明。

问题8：增加什么条件可以确定函数在区间 (a, b) 内只有1个零点？

生9：函数 $y=f(x)$ 在区间 (a, b) 是单调的。

设计意图：在这个环节中，问题串串相连，步步深入，在得出定理内容后进一步挖掘定理，深入理解定理的内涵。教师对问题精心设计，教师的提问也是学生心中的疑问。在学生充分思考、探究的过程中，让学生进行归纳类比回答，让学生充分体验知识的生成过程。在这样的课堂教学中，学生既独立探究，又相互合作交流，求知的欲望被不断激发，探索的勇气也不断增强。

3. 互动交流，在合作中增强自主探索能力

新课标倡导改变学生的学习方式，倡导积极主动、自主探索、动手实践、合作交流、阅读自学等学习方式。为此，教师在问题情境的设计、教学过程的展开、例题的探讨等过程中，尽可能要让所有学生参与，让他们成为学习的主人。通过设计一些问题，先让学生自主探索，然后合作交流，对一些不易解决的问题，让学生分组讨论，然后让学生分享讨论成果，展现学生的学习成果。

案例3

一道例题的探讨

题目：已知方程 $2\cos^2 x-\sin x-a=0$ 有实根，求参数 a 的取值范围。（学生先思考10分钟）

师：本题是含两个未知数的方程有解问题，怎么办呢？

生1：可用 $\sin^2x+\cos^2x=1$ 变形，消去 $\cos x$，转化为 $2\sin^2x+\sin x+a-2=0$ 有实根。

生2：可设 $t=\sin x$，则原方程变为 $2t^2+t+a-2=0$ 有实根，求参数 a 的取值范围。当一元二次方程的判别式大于等于零即可。

生3：（激动地）生2不对，$\sin x$ 有范围，转化不等价，应转化为：$2t^2+t+a-2=0$ 在 $[-1, 1]$ 上有实根，求参数 a 的取值范围。

师：经过三位同学的交流，我们将原方程转化为：一元二次方程在区间上有实根的问题，下面怎么解呢？

生4：我是用求根公式解方程得 $t=\dfrac{-1\pm\sqrt{17-8a}}{4}$，然后解不等式 $-1\leqslant t\leqslant 1$，得 $-1\leqslant a\leqslant\dfrac{17}{8}$。

生5：我是用一元二次方程根的分布解得，设 $f(t)=2t^2+t+a-2$，则 $f(t)$ 在 $[-1, 1]$ 上有零点。分两种情况：

（1）只有一个实根 $f(-1)f(1)\leqslant 0$；

（2）存在两个实根 $\begin{cases} f(-1)\geqslant 0 \\ f(1)\geqslant 0 \\ \Delta\geqslant 0 \\ -1<-\dfrac{-1}{2\times 2}<1 \end{cases}$

解得 $-1\leqslant a\leqslant\dfrac{17}{8}$。

生6：我是通过分离参数 a，得 $a=-2t^2-t+2$，$t\in[-1, 1]$，再求函数 $a=-2t^2-t+2$ 在 $t\in[-1, 1]$ 上的值域。易求得 $-1\leqslant a\leqslant\dfrac{17}{8}$。

生7：原题转化为：求 a 的取值范围，使直线 $y=a$ 与抛物线 $y=-2t^2-t+2$ $(t\in[-1, 1])$ 有交点，利用数形结合，求得 $-1\leqslant a\leqslant\dfrac{17}{8}$。

学生“七嘴八舌”不知不觉找到四种解法，通过学生的交流，展示了学生不同的思维角度、不同的解题的思想方法与解题的切入点，激发了学生的探求激情，点燃了求知的欲望，展现了学生思想的丰富多彩。

4. 变式迁移，提高解决问题的能力

数学学习的过程不仅仅是记忆、模仿的过程，还应当是知识不断转化、迁移

的过程，更是一个探索创新的过程。教学过程中，对学生认知的难点、思维的盲点、知识的交汇连接点，要充分发挥典型题目的迁移作用，引导学生从“最近发展区”对例题进行深入挖掘、加工改选，探索知识的内在联系，使学生理解与掌握问题阐述的概念、原理、规律和解题方法，进而培养学生独立分析和解决问题的能力。

案例4

2011 广东高考理科第 19 题

设圆 C 与两圆 $(x+\sqrt{5})^2+y^2=4$，$(x-\sqrt{5})^2+y^2=4$ 中的一个内切，另一个外切。

（1）求 C 的圆心轨迹 L 的方程。

（2）已知点 $M\left(\frac{3\sqrt{5}}{5},\ \frac{4\sqrt{5}}{5}\right)$，$F(\sqrt{5},\ 0)$，且 P 为 L 上动点，求 $||MP|-|FP||$ 的最大值及此时点 P 的坐标。

解第一问时：根据两圆内切、外切，列出等量关系，学生能顺利求出圆心轨迹 L 的方程为 $\frac{x^2}{4}-y^2=1$，但第二问求 $||MP|-|FP||$ 的最大值时，设 P（x_0，y_0），有学生列式 $||MP|-|FP||=\left|\sqrt{\left(x_0-\frac{3\sqrt{5}}{5}\right)^2+\left(y_0-\frac{4\sqrt{5}}{5}\right)^2}-\sqrt{(x_0-\sqrt{5})^2+y_0^2}\right|$，再也没法求下去了，有学生试着用 $\frac{x_0^2}{4}-y_0^2=1$ 消 y_0，但消不掉。有学生想到用求导法、基本不等式法求最值，但求不出来。有学生想到数形结合，但不知怎么建立 $||MP|-|FP||$ 的关系。

针对学生不能顺利使用数形结合来解题的问题，设计了如下变式题让学生探讨：

（1）已知点 A（-3，5），B（2，15），试在直线 l：$3x-4y+4=0$ 上找一点 P，使得 $|PA|+|PB|$ 最小，并求出其最小值。

（2）已知圆 C：$(x-3)^2+(y-4)^2=1$，点 A（1，0），在圆 C 上求一点 P，使 $|PA|+|PC|$ 的值最大。

（3）在椭圆 $\frac{x^2}{9}+\frac{y^2}{4}=1$ 上找一点 P，使得 $|PA|+|PF|$ 最小，其中 A（5，2），F 为右焦点。

（4）P 是双曲线 $\frac{x^2}{3}-y^2=1$ 的右支上一动点，F 为右焦点，已知 A（3，1），

求 $|PA|+|PF|$ 的最小值。

（5）在抛物线 $y^2=2x$ 上求一点 P，使得 $|PA|+|PF|$ 取得最小值，其中 F 为抛物线的焦点，A 点坐标为（3，2）。

设计意图： 通过上述一组变式迁移题可以发现题目的背景在变化，但解决问题的基本思路没有改变，体现了圆锥曲线的统一性。它的设计就是为了揭示直线、圆、椭圆、双曲线、抛物线的相关性，引导学生进行比较、分析、综合，不仅有利于抓住知识的共性与个性、学生对知识的理解，还能有效地培养学生的归纳总结能力和由此及彼的迁移能力，收到“解一题，带一片”的效果。

5. 解后反思，优化思维品质

反思是指对曾经在思维活动中出现过的问题、解决问题的方法和问题的讨论等不断进行思考的心理活动。既表现为尚未解决问题的上下求索，又表现为对已有解法和结论的挑剔和批判。教学实践表明，解题后的反思是使学生举一反三、形成能力的最重要手段之一。课堂上应有意识地引导学生对自身的学习活动进行回顾与反思，请学生说出自己思考问题的整个过程，自己是怎样想的，怎样错了，怎样调整思维，这类题的解题规律是什么……

案例5

求证 $\dfrac{1\cdot3\cdot5\cdot\cdots\cdot(2n-1)}{2\cdot4\cdot6\cdot\cdots\cdot2n}<\dfrac{1}{\sqrt{2n+1}}$。

讲完此题，笔者请学生谈谈解题后的反思。

生1： 拿到此题后，感觉此题左边太复杂，我无从下手。

生2： 我看到的是与自然数有关的命题，想到了数学归纳法，并顺利证出结论。

生3： 听了老师的提示后，将此不等式转化为 $f(n)=\dfrac{1\cdot3\cdot5\cdot\cdots\cdot(2n-1)}{2\cdot4\cdot6\cdot\cdots\cdot2n}\cdot\sqrt{2n+1}<1$，为此可利用函数单调性解题，先证明 $\dfrac{f(n+1)}{f(n)}<1$，$f(n)$ 单调递减，则 $f(n)$ 的最大值为 $f(1)=\dfrac{\sqrt{3}}{2}<1$，构造函数是解决不等式的一种常用方法。

生4： 我想到了放缩法证明，但不知如何放缩，听了老师提示后，现在我明白了。

本题是构造对偶式整体放缩（利用对偶式），设 $A_n=\frac{1}{2}\cdot\frac{3}{4}\cdot\frac{5}{6}\cdot\cdots\cdot\frac{2n-1}{2n}$，$B_n=\frac{2}{3}\cdot\frac{4}{5}\cdot\frac{6}{7}\cdot\cdots\cdot\frac{2n}{2n+1}$，则 $A_nB_n=\frac{1}{2n+1}$。又 $4n^2-1<4n^2$，也即 $\frac{2n-1}{2n}<\frac{2n}{2n+1}$，所以 $A_n<B_n$，也即 $A_n^2<A_nB_n=\frac{1}{2n+1}$，又因为 $A_n>0$，所以 $A_n<\frac{1}{\sqrt{2n+1}}$，即 $\frac{1}{2}\cdot\frac{3}{4}\cdot\frac{5}{6}\cdot\cdots\cdot\frac{2n-1}{2n}<\frac{1}{\sqrt{2n+1}}$。此对偶式是如何想到的呢？我认为要证明不等式 $\frac{1}{2}\cdot\frac{3}{4}\cdot\frac{5}{6}\cdot\cdots\cdot\frac{2n-1}{2n}<\frac{1}{\sqrt{2n+1}}$ 的左边，如果分别乘以一个数如 $\frac{2}{3}\cdot\frac{4}{5}\cdot\cdots\cdot\frac{2n}{2n+1}$，则变为 $\frac{1}{2}\cdot\frac{2}{3}\cdot\frac{3}{4}\cdot\frac{4}{5}\cdot\frac{5}{6}\cdot\cdots\cdot\frac{2n-1}{2n}\cdot\frac{2n}{2n+1}$，相邻的项相消，易化简得 $\frac{1}{2n+1}$。刚好又有 $\frac{1}{2}<\frac{2}{3}$，$\frac{3}{4}<\frac{4}{5}$，…，$\frac{2n-1}{2n}<\frac{2n}{2n+1}$，这就是对偶式产生之源。

引导学生说出解题后的反思，是优化学生思维、提高学生学习效率的行之有效的方法。同时，也能培养学生的思维品质，使学生养成良好的思维习惯。

建构高效课堂有很多策略，但课堂必须要以学生为主，让学生充分地参与。让学生在课堂上有独立思考、自主探索的时间与空间，有相互交流、合作讨论的平台，有自我展示的时空与机会。

参考文献

［1］林婷．突出主体地位　追寻高效复习．数学通讯（教师阅读），2013（3）．

［2］金明．课堂教学应让学生尽情地“说”．中学数学（高中版）（上半月），2013（3）．

［3］何淑龙，金明．解题教学应探寻解题思路之源：从一道考题谈数列不等式的证明策略．中学数学研究（江西师范大学版），2013（2）．

快乐学习，学习快乐

杨　兵

【摘要】在教学中应努力激发学生自主学习的兴趣，引导学生积极主动地做学习的主人，享受做学习主人的乐趣。因此，教师应善于挖掘数学教学中的“快乐因子”，力求教学内容新颖，教学方法灵活，教学形式多样。

【关键词】高中数学　快乐学习　成长

高中学生学习数学感到力不从心，且经常是事倍功半。究其原因，一方面是高中数学与初中数学相比更加抽象，思维和逻辑推理要求更加严谨，与生活及学科间联系也更加广泛。另一方面，随着教改的不断深入，高中数学的学习内容和学习要求在不断变化与发展，但学生仍用传统的学习方式来学习数学，从而适应不了高中新课程的变化，大大制约了学生的学习效果和学习激情。因此，教师在教学中如何引导学生创立新的学习方式，以适应高中数学学习的需要，是现代数学教学中一个值得研究的问题。我们要在教学中探讨“如何教”及“如何学”，如何“既发挥教师主导作用又充分体现学生认知主体作用”的双主教学模式。改善目前学生学习数学的困境，提高学生的学习效率，增强学生的学习兴趣，贯彻课程目标，达到课程预期效果，促进学生良性发展；并且让学生在学习数学知识的同时开展自主、合作、探究式学习活动，培养信息素养与文化，培养终身学习的态度与能力，培养掌握信息时代的学习方式，培养适应能力、应变能力和解决问题的能力；让学生在学习中感受到学习数学的乐趣，从而享受数学，快乐学习，学习快乐。

现代科技突飞猛进，以计算机网络为代表的信息技术取得了飞速发展，使“21 世纪是知识与信息的时代”成为共识。在这种形势下，学生的学习方式必须从单一地被动接受转变为多种学习方式。而信息技术使得数学教学形成新的学习方式成为可能，并加快了学生学习方式的变革。教学手段的现代化已深深影响着教师如何教、学生如何学。随着投影仪、计算器、计算机等现代多媒体教学设备走进课堂，信息技术和课程的整合与应用，为教师的教和学生的学提供了一种全新的学习理念与学习方式，从而改善学生的学习状态，让学生从中享受学习数学的乐趣。上课一年多，心里总是不平静，总想教好学生，可又不得其门而入，现在经过高中一个循环的教学，总算悟出了一点心得，在现代社会中，各种先进的教学理念涌现，可谓“百花齐放”，其实没必要深入那么多，只要让学生在快乐中学习，在学习中快乐，其身心就会健康成长。

笔者从教学实践、自我反思、学生反馈、成果评价中总结经验，感悟得失，已觉受益匪浅，心情愉悦，与学生一起享受着学习数学的快乐。现将点滴感受总结如下，与大家共享。

一、享受数学，体验数学美——变“要我学”为“我要学”

进入高中，学生学习基本上还是“被动学习”“机械学习”，自主学习性不强，“自我导向、自我激励、自我监控”方面较差。究其原因是学生难以从数学学习中感受到乐趣，进而缺乏学习数学的原动力，有的学生说：“数学太难，太枯燥，学得真没劲。”而现代教育是要培养自我意识发展基础上的“能学”，具有内在学习动机基础上的“想学”，掌握了一定的学习策略基础上的“会学”，在意志努力基础上“坚持学”的“四学学生”。通过每周三的集体备课，老师们的教案既凝聚集体智慧，又体现个体活力，既备教材又备学生，注重情感教学和快乐教学。制作直观、生动的电子课件，提供让师生愉悦的课堂教学素材和教学策略。教学思想由重知识传授向重学生发展转变，由重教师“教”向重学生“学”转变。由于教师的精心准备，课堂组织形式多样，让学生动手做数学实验，参与课堂教学，使学生真正成为课堂教学的主体。多媒体课件活泼生动，直观性强，将数学的简洁美、和谐美、对称美、创新美、统一美、突变美很好地展现在学生面前，较大程度上提高了学生的欣赏数学美的能力，减轻了学生学习数学的困难，增强了学生学习数学的兴趣。由此，教学效果大大提高，学生学习自觉性、主动性也不断增强。就连以往教学中学生（特别是部分女生）怕学的立体几何现在也变成了学生喜欢学习的对象。如通过几何画板制作旋转的正方体、几何体，可增强学生对空间图形的认识和空间想象能力；通过几何画板由椭圆的定义可快速、准确、动态地画出椭圆，降低了以往此处教具难制作、图难画、动感不强的教学难度，提高了学生对椭圆定义的理解，加深了学生对椭圆的印象；

通过几何画板可直观便捷地给学生展示圆锥曲线的统一定义。以上很多课例在教学中发挥了很好的教学效果，带动了学生的学习热情，提高了学生的观察能力和动手能力，使学生的学习向自主型、享受型、兴趣型转变。

二、我思考、我聪明、我快乐——变“记录型”为“思考型”

现在数学课堂上学生总是忙着记笔记（有些学生甚至是在抄黑板）而影响了听课效果，也制约了学生的思考空间。学生更多是被动地去记、去抄老师课堂上讲的内容，课后再花很多时间去整理、去理解。这样学生不仅学得很累，还常是事倍功半，学生的学习总是滞后于课堂教学，学生的思维不能得到及时的训练。针对这一情况，笔者觉得课题组可以将备课笔记复印好发放给学生，或制成电子教案，上课时将电子教案通过计算机共享发放给学生，或发送到学生邮箱；并将它挂在校园网上供学生随时查阅，免去学生的后顾之忧，让学生课堂上能全身心投入理解、思考与讨论中。这能为课堂教学质量的提高提供坚实的保障，能看到更多的学生参与到实验数学、探索数学之中，大脑也更活跃了，对数学的理解更好了，课堂讨论参与更多了，自己的想法也能与别人及时分享，自己的错误也会及时被发现。不像以前，课堂上总是忙着记笔记，课后再花大量的时间去想，去理解，学习总是很紧张，很累。时间长了就应付不了了，有时还有点“糊”了。另外，我们教师之间还会经常相互听课，相互学习教学艺术，相互监督，相互取长补短，从而保证课堂教学能取得最佳效果，并在课后互相帮助，共同讨论，互提意见，使得全组教师的教学技巧大有改善，教学效果明显提升。学生课堂有了更多的讨论、更多的思考和更多的练习，大大激发了学生的学习热情，愉悦了学生的身心，提高了学生的学习效率，同时也促进了教师的教学热情与教学信心。

三、参与数学实验，体现自我价值——变“听数学”为“做数学”“看数学”

在以往的数学教学中，教师往往只注重内容的教学，而不太考虑学生的直观感性认识和直觉思维，致使学生难以从根本上去理解所学知识。应用信息技术可以帮助学生在动态中去观察、探索和发现对象之间的数量变化关系与结构关系，因而能充当数学实验中的有效工具。教师可以利用几何画板、计算器让学生做

“数学实验”，利用 FLASH、POWERPOINT 等制作课件，动态直观地让学生去感受其中的数学原理，用新型的教学模式取代主要靠老师讲授、板书的灌输式教学模式。由于教学过程主要是让学生自己做实验和观察，所以教师在备课时考虑的是如何组织学生进行协作学习和交流，使学生通过计算机从“听数学”转变为“做数学”“看数学”。如为了让学生更深刻地理解三角函数图像的变换，并从中得出一般的结论，通过几何画板实验、FLASH 动画演示，并不需要老师像传统教学中那样滔滔不绝地讲解，而学生对该图像变换的理解与掌握也已生动地印在脑海中，反而比传统教学要轻松得多，深刻得多。又如，在讲到函数的图像与性质时，利用几何画板学生不仅能快速准确画出函数的图像，而且在连续的变化中，学生一下就能看出在两种情况下图像的区别，图像的性质（特殊点、单调性、定义域、值域）也不言自明。学生成了问题的解决者、课堂的主导者，从单纯的听数学转变为做数学、看数学。我们的课堂教学标准是：45 分钟的教学时间里，至少有 40% 的时间让学生“动”；学生“动”的面应在 90% 左右；80% 以上的学生能掌握 80% 以上的新授内容。

四、知识充实生活，我学我快乐——变“作业型”为“知识型”

很多学生回家后的第一件事是做作业，最后的一件事也是做作业，似乎学习就是为了完成作业，家长关心子女学习也常是一句话“作业做完了没有”，完成了当天的作业，就完成了当天的学习。这样的学习辛苦而片面，不利于学生对所学知识的全面理解和掌握。为了减轻学生的作业负担，教师为学生精选作业，减少作业量，在训练学生注重知识基础、注重方法、注重应用的前提下，尽量简化烦琐运算，让学生有更多的时间去思考、全面理解当天的学习内容。另外，我们还可以利用现代信息技术开展丰富有益的课外活动，如学写数学小论文，提高学生的思维能力，并将好的论文放到校园网供全体学生阅读，强化数学的应用意识，丰富学生的业余生活；开展数学学法经验交流活动，介绍学习方法，提高学生的学习效率和解题技巧；开展数学专题讲座，介绍数学的历史，开拓学生的视野。通过这些活动，能极大丰富学生的业余学习，提高学生的数学素养和学习兴趣，使学生学习数学更加理性，更加主动，更加全面，让学生从作业型过渡到知识型、方法型和发展型。

五、能力提高了，信心增强了，心情当然也愉快了——变“应试型”为“能力型、应用型”

随着信息技术的发展，学生学习数学知识不再完全依赖学校课堂这单一的渠道。信息技术资源给学生提供了更多学习数学的渠道和方式。基于这一实际，在信息技术与数学课程整合的环境下，教师必须树立新的教学观念。教师的教学方式应引导学生的学习方式，帮助学生更好、更有效地学习数学，体会数学知识的意义；让所教的知识与学生的生活密切联系，增强数学的应用性。教师与学生的关系是主导与主体的关系，教师的教学是以学生的发展和服务社会作为根本目的和出发点的。因此，教学中要引导学生注重学习数学的能力、加强知识的应用，为将来的自我学习、终身学习打下坚实的基础。在信息技术与数学课程整合的环境下，教师在教学中既要注重知识的教学，又要不断提高学生的信息素养，增强学生的信息处理能力，让学生学习数学不再仅仅依靠课堂，数学信息获取途径不再仅仅来自教师。由此，教师的角色和行为方式发生重大变化，教师将是教学活动中的导航者、设计者和帮助者，而学生成为教学活动的主体，是知识的探索者、发现者、解决者，自主学习、快乐学习成为学习的主要方式。学生在学习过程中要学会学习、学会组织、学会协作、学会思考和交流。正因如此，教学设计要尽量利用信息技术和生活实例，引导学生由重教学结果向重教学过程转变，由应试型向能力型、应用型转变。

总之，学生是学习活动的主体，是学习的主人，教师的主导作用只在于调动学生思维活动的积极性，使学生对学习产生浓厚的兴趣，如此才能唤起学生的好学心态，发挥他们的聪明才智，享受探索的快乐和成功的喜悦，达到乐于参与学习的目的。

针对学生数学学习现状的几点思考

贺育林

【摘要】从三个现状中发现学生学习数学的问题，如基础知识不牢，学习兴趣不浓厚，学习态度较差，没有创新，懒于思考、探索等。针对这些问题，本文阐述应如何引导学生进行数学学习，如激发学生的学习兴趣；弥补知识缺陷，完善知识结构；分层教学，提高教学质量；注重学法指导，培养良好习惯等。

【关键词】兴趣　创新　探索　体验

一、目前学生的数学学习现状

现状1：学校（国家示范性普通高中）第一届知识竞赛总决赛参赛人员由高一（16个班）、高二（18个班）年级通过初赛，从每班选出一名得分最高的学生，然后分成8组（每组3人），剩余的学生组成智囊团（试题的数学部分见附录）。每个题有1分钟左右的答题时间，但是，只有第2、5、6、8题答对，50%的正确率；第1题答A，第3题放弃，第4题小组成员没答、由智囊团答对（智囊团不限时间），第7题答B。

现状2：对全校（随机的）36名数学学难生采用问卷调查结合谈话调查法进行调查。把获得的资料，与同科组的老师进行会诊，对造成数学进步缓慢、成绩落后的主要原因分析列表如下：

原因	单项统计	单项百分比（%）
学习态度差	13	36
无学习兴趣	9	25
缺乏学习毅力	8	22
学习基础差	3	8
学习方法不当	3	8

他们中有的对学习数学的重要性和必要性缺乏足够的认识，导致没有较强的求知欲，学习兴趣不浓厚，学习态度较差。有的自制力差，缺乏毅力，情感脆弱，遇到困难或挫折就情绪低落、消沉、自暴自弃、丧失信心。当然数学基础差、学习方法不得当以及没有养成良好的学习习惯也是一些因素。

现状3：解斜三角形内容时的一个例题：为了建造珠江隧道，需要测量珠江两岸的两个出口处点 A 和点 B 的距离，为此测量人员先在岸的一边定出基线 BC，测出 BC 的长，$\angle ACB$ 的度数，$\angle ABC$ 的度数，这时怎样求 AB 的长呢？引入正弦定理。

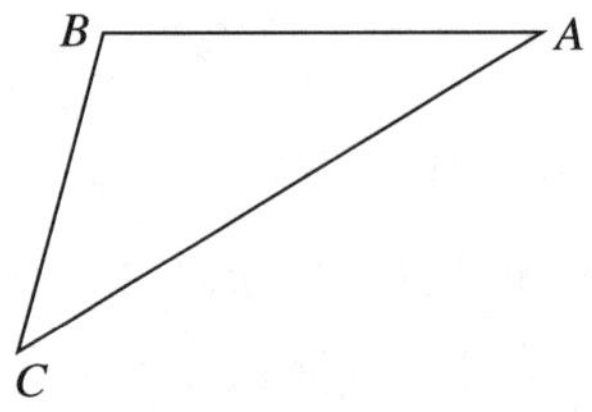

学生个个摩拳擦掌，跃跃欲试，整节课学生配合积极，善于动脑，正弦定理一给出，有些学生立即想出解决实际问题的方法。

由直角三角形 $a=c\sin A$，$b=c\sin B$ 发现 $\frac{a}{\sin A}=\frac{b}{\sin B}$，

$\sin c=1$，

$\therefore \frac{a}{\sin A}=\frac{b}{\sin B}=\frac{c}{\sin C}$，

然后推广到斜三角形的情况，学生很容易发现，兴趣浓厚。

余弦定理的发现过程中不同程度的学生表现出不同的心理特点。

教学设计：

第一步：当 $AB=c$，$AC=b$ 一定，$\angle A$ 变化时，a 可以认为是 A 的函数，记为 $a^2=f(A)$，

第二步：当 $A=\frac{\pi}{2}$ 时，$a^2=b^2+c^2$ （1）

当 $A=\pi$ 时，$a^2=f(\pi)=b^2+c^2+2bc$ （2）

当 $A=0$ 时，$a^2=f(0)=b^2+c^2-2bc$ （3）

第三步：比较第二步三个式子的异同点，猜想：

$$a^2=b^2+c^2-2bc\cos A$$

少数学习基础薄弱的同学，在第一步，一听到函数，就感到难度大了，表现出不愿再探究下去的状态；第二步学生很容易探索到结论。由第二步到第三步探

索公式时，大部分同学表现出浓厚的兴趣，一部分同学不禁开始翻书，此时，教师仍鼓励学生，不要看书，自己总结规律。让学生把自己得到的公式写在纸上，有 80% 同学看书写出公式。

表现出的心理特点：

（1）仍然有浓厚兴趣，但随着难度的增大兴趣减弱。

（2）学生不敢大胆地猜想，思路单一、死板。

（3）由于传统教育强调课前预习，致使部分学生在探索过程中没有收获，创造性能力未得到很好的培养。

（4）部分学生想得到别人给出的结论，懒于思考、探索。

二、针对学生数学学习现状的几点思考

1. 激发学生的学习兴趣

在数学学习中，学生经常会碰到一些疑难问题，在对这些问题久思不得其解后，他们往往有强烈的求知欲望，教师若能有效地答疑解难，则可激发学生的学习兴趣，使学生领悟数学的真谛，收到良好效果。但是面对学生的提问，有些教师要么直接将答案告诉学生，要么一步一步将答案做给学生看，一遍一遍讲给学生听，直到学生听懂为止。这种做法实际上限制了学生主观能动性的发挥，浪费了发展学生数学思维的良好机会，久而久之养成学生避难、懒思的心理，不利于提高学生的数学素质。教师应当做到“道而弗牵，强而弗抑，开而弗达”，即引导学生，而不是牵着学生走；激励他们，而不加逼迫；启发他们独立思考，而不直接把结论告诉学生。可见，教师答疑解惑要在“导”字上做文章，引导、激励学生，使学生主动、积极地参与到解决问题的思维活动中来；在“思”字上下功夫，启发学生的思维，使提出问题者（学生）成为解决问题的主体，正如苏步青所说的那样“让学生懂得依靠自己是最可靠的力量”。有些问题，特别是运算量比较大的题，学生不会做是由于缺乏做下去的信心，只要教师给予鼓励，树立起让学生解下去的信心，那么经过学生的努力，问题就会得到解答或部分得到解答。这种方法对于培养学生的非智力因素有积极的作用。教师要熟悉学生的实际水平，对学生通过自己的努力能否解决问题要有准确的估计，也可做适当的提示，同时鼓励和培养学生学习数学的情感，开发他们的潜能。如设立“数学进步奖”“数学飞跃奖”等，使学生的每一点成功都得到表扬，树立他们的自信，激发起渴求知识的情感。当然在教学中，教师也要有意识地加强学生意志力的锻

炼，主要是通过作业和课外活动等手段。教师在作业和课外活动中设置适当的难度，让他们在“爬坡”中锻炼，甚至从失败的测试、练习、作业中锻炼他们，鼓励学生不灰心，再接再厉。

2. 弥补知识缺陷，完善知识结构

学生学习困难的另一个重要原因是知识体系出现严重缺陷，前后内容衔接不上，并且缺乏坚韧不拔、刻苦学习的意志品质，遇到困难只会退缩，从而产生厌学心理。因此，教师必须弥补他们的知识缺陷，完善知识结构，在教学中采取小组合作学习的形式，让学生之间相互帮助，共同进步。

（1）分组：将全班分成12个组，每组4～5人，每组既有尖子生，又有学习困难生，每组实力相对平均。

（2）竞赛：在课堂上进行小组抢答，小组挑其他组的问题等形式进行评比；同时，不定期进行一些比赛，如单元测验、期中考试等，计算出各组平均成绩。目的是使组内成员有归属感，更有小组荣誉感。

（3）评价：设计学习园地，每次竞赛优胜组的每名成员均可获得一定学科加分。学期末进行学期总评，对分数最多的小组和个人予以评A优先和其他的一些奖励。

经过以上过程，使学生能尽量弥补知识缺陷。

3. 分层教学，提高教学质量

根据学生的学习基础、心理素质等方面的差异，以及他们对数学知识的接受能力差别，在了解、掌握每个学生的“最近发展区”后，创设一个个人“小目标”，使学生能达到自己的个人“小目标”，弥补漏洞。针对学生的实际，对知识点进行“反复讲、反复练”，如单元测试等练习，对学生进行“做完—讲评—再做—再个别讲解—再做再检查”模式，对学生的作业在于精不在于多，让学生做到弄懂所做的练习为止。在课堂教学中，实施分层教学，加强学生的学法指导。精心设计适合全体学生参与的多层次、多形式的教学活动，让学生也能参与到教学活动中来，调动他们的积极性和主动性。对他们学习课本中的疑难进行诊断，采取各种有效方法补救。让他们在学习中体验到自己的进步，从而增加求知欲，力争取得更好的成绩。

4. 注重学法指导，培养良好习惯

首先，有相当一部分学生是因为学习方法不得当造成学习困难。大多数学生不会合理利用学习时间、缺乏良好的学习习惯、学习方法单一、学习缺乏科学性。只有让学生掌握正确的学习方法，养成良好的学习习惯，才能更好地促进学习。因此，在平时的教育教学中，笔者制定以学代教的“教案”与“学案”相统一的“教学案”。在教学中，每一个知识点、每一个教学步骤都引导学生去学，都着眼于为学生的学而服务。

其次，在知识方法上对学生予以指导。主要包括在知识输入阶段，指导学生如何思维、如何想象、如何集中注意力等；在知识储存阶段指导学生如何记忆、如何理解、如何解决问题等；在知识输出阶段，指导学生如何分析、如何概括和综合、如何解决问题等。

最后，良好的学习习惯能使学生的学习得到充分发力，给学习带来高效率。帮助学生制订上课、自习、作业、复习、思考、考试和作息等方面的优良习惯计划，并通过严格、有序的反复训练强化落实。

笔者在指导学生的学习数学过程中实施“情感教育—弥补知识缺陷—分层教学—学法指导”的措施，使学生的数学学习态度有了明显的改观，逐步养成良好的学习习惯。在完善数学知识结构的基础上，利用“分层教学”大面积提高了课堂教学质量，使学生的数学成绩也有了较大的进步。

参考文献

[1] 张舒哲. 论学习困难的界定方法和基本类型. 心理发展与教育，1994 (2).

[2] 钟启泉. 差生心理与教育. 上海：上海教育出版社，2003.

附录

广州市真光中学第一届知识竞赛总决赛数学必答题

1. 函数 $y=\sin\left(\frac{2\pi}{5}x+\frac{\pi}{6}\right)$ 的最小正周期是（　　）

A. 5π　　B. $\frac{5}{2}$　　C. $\frac{\pi}{6}$　　D. 5

2. 函数 $f(x)=\frac{3x^2}{\sqrt{1-x}}+\lg(3x+1)$ 的定义域是（　　）

A. $\left(-\frac{1}{3},+\infty\right)$　　B. $\left(-\frac{1}{3},1\right)$　　C. $\left(-\frac{1}{3},\frac{1}{3}\right)$　　D. $\left(-\infty,-\frac{1}{3}\right)$

3. 两直线：$3x+4y-12=0$ 与 $4x-3y-14=0$ 的夹角是（　　）

A. $\frac{\pi}{6}$　　B. $\frac{\pi}{4}$　　C. $\frac{\pi}{3}$　　D. $\frac{\pi}{2}$

4. 若角β的终边过点P（a，$2a$）（$a\neq0$），则$\sin\beta$的值是（　　）

A. $\frac{2\sqrt{5}}{5}$　　B. $\frac{\sqrt{5}}{5}$　　C. $\pm\frac{2\sqrt{5}}{5}$　　D. $\pm\frac{\sqrt{5}}{5}$

5. 已知$\vec{a}=(-2,3)$，$\vec{b}=(1,-5)$，则$2\vec{a}-\vec{b}$等于（　　）

A. $(-5,11)$　　B. $(-5,1)$　　C. $(-3,11)$　　D. $(5,1)$

6. $\sin75°\cos45°+\sin15°\sin45°$的值是（　　）

A. $\frac{\sqrt{3}}{2}$　　B. $\frac{1}{2}$　　C. $\frac{\sqrt{2}}{2}$　　D. -1

7. 若$\vec{a}=(1,0)$，$\vec{b}=(0,1)$，则$2\vec{a}+3\vec{b}$垂直的向量的坐标为（　　）

A. $(3,2)$　　B. $(-2,3)$　　C. $(3,-2)$　　D. $(2,-3)$

8. $\sin(-1560°)$的值为（　　）

A. $-\frac{1}{2}$　　B. $\frac{1}{2}$　　C. $-\frac{\sqrt{3}}{2}$　　D. $\frac{\sqrt{3}}{2}$

《学记》对数学教学的启示

赵　翎

【摘要】《学记》是中国教育史上乃至世界教育史上第一部教育学专著，比捷克大教育家夸美纽斯的《大教学论》早面世近千年，它是《礼记》中的一篇，与教育的关系最密切。本文结合《学记》和笔者的教学体会，简单谈谈学习《学记》所带来的启示。

【关键词】《学记》　数学学习　教学相长　启发

《学记》主张课内与课外相结合，课本学习和实际训练相结合，既要扩大知识领域，又要培养高尚的道德情操和良好的生活习惯。书中用较多的篇幅，阐述“教”与“学”的辩证关系。认为只有通过“学”的实践，才会看到自己学业方面的差距（“学然后知不足”），只有通过“教”的实践，才会看到自己知识和经验方面的贫乏（“教然后知困”）。只有看到差距，才能力求上进，看到贫乏，才能鞭策自己，从而得出“教学相长”的正确结论。《学记》重视启发式教学，重视教学的循序渐进，强调激发学生内在的学习动机，培养学生学习的自觉性，重视因材施教。主张要了解学生学习的难易、品质的美恶，作为启发诱导的依据。主张由浅入深、从易到难、从简单到复杂的教学顺序，并且提出一条积极性的教育原则，即要在学生不良的行为发生前，引导他们向善的方面发展，并指出在学习过程中同学之间要取长补短。《学记》赋予教师崇高的地位，提出严师和尊师的思想。《学记》是研究中国古代教育思想和实践的宝贵资料，书中在总结先秦儒家教学经验基础上提出的教学原理、教学原则与方法及尊师重道的思想，对中国教育学和心理学的发展，都产生了重大影响，是中国也是全世界珍贵的教育遗产之一。

一、让学生喜欢数学

高中数学很多时候是枯燥单调的，怎样让学生喜欢学数学？《学记》里似乎给了我们一定的答案——“亲其师，信其道”。学生只有喜欢数学老师，才能喜欢上数学。做一个让学生喜欢的教师并不是一件易事，笔者认为主要应从以下几方面着手：

首先，教师要有好的数学专业素养。这包括知识专业素养和教育理论素养。所谓“君子知至学之难易，而知其美恶，然后能博喻，能博喻然后能为师”，意思是君子只有知道做学问的难易，也知道学问上的是非，然后才能用广博的知识使人晓喻；能用广博的知识使人晓喻，然后才能做人家的老师。作为一名教师，要有比较高的数学专业素养，如果一个老师自己对数学概念的理解都不准确，或者对数学推理都不严谨，怎么可能让学生信服你的讲授呢？这样的教师又如何在课堂上发挥教师的主导地位呢？这就要求教师自己有渊博的知识，比如在数学教学中，老师只有多做题，整理思路方法，形成数学思想，才可能在教学中由浅入深，循序渐进，旁征博引，让学生有醍醐灌顶的感觉；同时作为一名教师，也应该知道怎样教学生，不是一味灌输、填鸭，而要注意方法。《学记》有言：“故君子之教，喻也，道而弗牵，强而弗抑，开而弗达。道而弗牵则和，强而弗抑则易，开而弗达则思。和易以思，可谓善喻矣。”意思是说：君子的教育是晓喻学生，是引导而不强迫，激励而不压抑，启发而不包办到底。引导而不强迫，师生关系就亲近融洽；激励而不压抑，学生就感到轻松容易；启发而不包办到底，学生就会自己去深思。能够做到关系亲近融洽、学习轻松容易、学生深入思考，就可以称为善于晓喻学生了。这就要求教师在数学课堂上要注意学生的主体地位，启发学生自主探究的思维，发挥学生的主观能动性；而不是把知识强加给学生，把教师的意志强加给学生，压抑学生的天性和求知欲；上课要增加艺术性，使数学课堂变得生动活泼。教师在表达形式上的艺术美是一种很重要的基本教学能力，也是学生喜欢老师、喜欢数学课的一个重要原因，其中教师讲课时的语言感染力有着非常重要的作用，语言要丰富、幽默，要能充分调动学生的兴趣。

其次，教师要为学生树立榜样的形象。所谓“其身正，不令而行，其身不正，虽令不从”，通俗地说就是“为人师表”。笔者认为这 4 个字最本质的含义应该是要求学生做到的自己首先必须做到，学生有时不听老师怎么说，而看老师怎么做。一个经常迟到的老师怎么要求自己的学生早到呢？要求学生做一大堆作业，可是老师都不认真批改，学生还会坚持做吗？要求学生上课认真听讲、不讲话、不开小差、回答问题声音响亮，那么教师的教学态度就应端正，讲课就不能接电话、坐着板凳，上课就要生动有趣，让学生有收获；其实学生往往把老师当成一面镜子来看，来模仿。教师的言行举止和个性魅力都深深地影响着学生。

学生怎样才能喜欢数学呢？首先要有明确的学习目标。所谓“玉不琢，不成器；人不学，不知道。是故古之王者建国君民，教学为先。《兑命》曰：念终始典于学。其此之谓乎”，意思是玉不经过雕琢，就不能成为器具；人不学习，就不懂得道理。因此古代的帝王建设国家和统治人民，都是把教育和学习放在首位。《兑命》说：“应该想到有始有终地经常学习。”大概就是说的这个意思吧。其实这一段内容就是解决一个教育目的的问题：老师为什么要教书，学生为什么要学习。要让学生知道学习的重要性，树立远大的目标；也告诉老师要挖掘学生的潜能，把每个学生都当成一块美玉。还有一段，“虽有嘉肴，弗食，不知其旨也；虽有至道，弗学，不知其善也。是故学然后知不足，教然后知困。知不足，然后能自反也；知困，然后能自强也。故曰：教学相长也。《兑命》曰：学学半。其此之谓乎”，意思是虽然有鱼肉等美好食物，不吃就不知道它的美味。虽然有极好的道理，不学就不明白它的美妙。因此，学习过以后才知道自己的学行不够，教过人以后才知道自己的学识还有未通达的地方。知道自己的学行不够，以后就能自我反省而更多地去学习。知道自己的学识还有未通达的地方，以后就能自强不息地求进步。所以说，教和学是相互促进增长的。《兑命》说：“教人学习，能收到相当于自己学习的一半效果。”大概也就是说的这个意思吧。

二、让学生会学数学

有些学生明白数学学习的重要性，也很认真地学数学，但是取不到较好的学习效果，这就要求学生必须有一些学习方法，《学记》中有些话很好地解释了这一点，也告诉我们要怎么做。

1. 上课认真听讲，课后巩固复习

所谓“时教必有正业，退息必有居学”，意指在规定的时间内必须进行正课的教学，休息的时候也必须有各种课外作业。学生在学校课堂上就应该按照学校的要求认真听讲，认真完成课堂上的任务，但并不是说离开学校就该彻底放松了。根据记忆曲线，人们的遗忘速度是先快后慢的，学生一定要当天就回顾自己所学的知识，以后再逐渐回忆，才能起到很好的记忆效果。上课认真听讲，课后也要认真完成作业才能完成知识的巩固。

2. 教学相长原则

《学记》说："是故学然后知不足，教然后知困。知不足，然后能自反也；知困，然后能自强也。故曰：教学相长也。"可见，《学记》不仅提出了教学相长的原则，还从教与学两个方面精辟地论述了这个原则。

首先，从教师方面讲，"教然后知困"，"知困，然后能自强也"。教的过程也就是学的过程，教与学是彼此相长、互相促进，可不断提高教学的水平。教师通过教学感到困难，发现自己知识的不足，从而督促自己再努力学习提高。这种情况，凡是从事过教学工作的人几乎都有体会。开始时认为自己差不多了，讲课没有问题，但一到上课，就感到有些地方讲不清楚，更不能深入浅出地传授知识，这时才体会到自己做得还不够，需要虚心学习，这就是"教然后知困"。"知困"然后才能"自强"。

其次，从学生方面讲，学生从老师的教中获得知识，但需要自己刻苦钻研，努力学习，才能不断提高，不限于师云亦云。学习是一种实践活动，只有通过学习实践才能体会到学习的好处和难处。愈学兴趣愈高，眼界愈开阔，也就愈感到自己的贫乏，从而发奋"自反"，求得长进。所以说"虽有至道，弗学，不知其善也"，"学然后知不足"，"知不足，然后能自反也"。

3. 合作交流原则

"独学而无友，则孤陋而寡闻。燕朋逆其师，燕辟废其学。"《学记》中的这句话告诉我们，如果孤独地学习，没有朋友，思路就会狭隘，见闻就不广博；如果交友不慎，行为就会违背师长的教诲，尽谈些不正经的事情，就会荒废学业。学生在学习的时候应该多和同学交流合作，同学之间可以取长补短，互相学习，互相帮助，这样能够提高数学学习的效率。

三、小结

《学记》主要反映了"学为主体，教为主导"的教育教学思想，强调教学双方配合，共同完成教学任务。无论是启发式教学思想、教学相长教学观念，还是藏息相辅的教学制度、豫时孙摩的教学方法，以及对学生心理的了解，都强调教学必须在学生的求知欲基础上进行，提倡师生间、学生间的交往和交流，重视学生在学习活动中的"主体"作用。《学记》还提出了系统的教学原则和教学方法。这些对我们今天的素质教育很有启迪。

参考文献

[1] 宋宁娜.《学记》所表现的中国古代教学论水准. 苏州大学学报（哲学社会科学版），2002（2）.

[2] 夏云强.《学记》培养人可持续发展能力思想浅析. 株洲师范高等专科学校学报，2004（1）.

[3] 曲铁华. 中国教育史. 长春：东北师范大学出版社，2005.

培养数学思维品质　发展学生数学能力

朱静滢

【摘要】 本文是通过一节同课异构产生的教学效果不同而引发的思考。结合初、高中数学教学大纲对数学教学和育人目标的要求，要改变重结果轻过程的传统学习模式，发展学生数学能力，必须培养学生的数学思维。本文还就如何培养学生数学思维能力提出了自己的建议。

【关键词】 数学教学　数学思维　思维能力

笔者在一本课外读物中看到一个同课异构信息：

教法一：首先复习：①$10^5$ 表示什么意义？其中底数、指数分别是什么？a^n 呢？②计算下列各题，并把结果写成方幂的形式：$10^5\times10^7$；$2^4\times2^5$；$10^m\times10^n$；$a^m\cdot a^n$。然后要求学生观察计算结果，同底数发生变化没有？指数跟原来的指数有什么关系？接着让学生提出同底数幂的乘法法则，并要求学生用语言文字叙述，指出其条件和结论，教师予以点拨。再让学生依纲自学，提出疑问，教师解答疑难并出示一组质疑辨析题让学生解决，深化法则的理解与掌握，重点放在法则的产生上。

教法二：直接推证法则，强调法则的条件和结论，然后利用法则的外形特征，举例运用法则，重点放在运用法则上。

结果：教学过程中学生的表现和教学效果大不一样，教法一优于教法二。

分析：教法一把知识发生过程作为教学重点，注重激发学生心理因素，造成了极为有利的启发态势，学生从一开始就能积极参与，课堂气氛活跃，教师得心应手。而教法二，教师一开始就直接给学生灌注，学生被动接受知识，课堂气氛沉闷、压抑，教师教得非常吃力。

上述事实告诉我们：破除陈腐观念，更新数学教学思想和方法，树立现代数学教育思想和观念已势在必行。笔者认为，当前数学教学中要着重从以下几点来考虑。

一、树立充分体现学生的数学思维过程的新观念

我国初、高中数学教学大纲中都明确指出，思维能力主要是指会观察、实验、比较、猜想、分析、综合、抽象和概括；会用归纳、演绎和类比进行推理；会合乎逻辑地、准确地阐述自己的思想和观点；能运用数学概念、思想和方法，辨明数学关系，形成良好的思维品质。我们认为，大纲中对思维能力的这一阐述是准确的、科学的，反映了心理学对思维能力研究的最新成果，对我国当前的数学教学具有重要的指导意义。

现代数学教学思想认为，数学教学是数学思维活动的教学，应着眼于活动的过程，而不仅仅是活动的结果。然而在数学实际教学中重结果轻过程的现象较为突出，这对培养学生的能力十分不利。曾有一则小比喻，说是在国内，学生回到家中，家长问的几乎都是：“你今天得了多少分?”获高分则笑逐颜开，得低分则埋怨责备。而在国外，学生回到家，家长问的是：“你今天回答出了多少问题?提了几个问题?”作为教师和家长都应该重视研究学生的思维过程，哪怕是学生做错了的题或事，我们都应当认真仔细分析其过程，决不能以钩叉了事，掩盖学生思维过程的闪光点。事实上，从培养学生能力的要求看，形成概念，发现定理与公式和剖析问题的探索过程比概念、定理、公式、问题本身更为重要。因此，我们必须在重视结果的同时，更应重视导致结果的过程，树立充分暴露思维过程的新观念。当前在教学中应特别注意知识结构的建立、拓广和发展过程，定理法则的提出过程，解题思路的形成过程，以及解题方法的发现过程。在过程中不断训练学生思维并适当给予指导，基本做法是：①概念教学要重视对概念的形成过程的分析；②定理与公式教学要重视对定理和公式的产生及证明思路的探求；③例习题教学要重视解题思路的分析与“一题多解”“一题多变”的研究；④加强基本数学思想方法的教学，善于引导学生发现课本知识内容中所蕴含的“软件”部分——数学思想方法，并能逐步运用。

二、运用不同的培养手段培养学生的数学思维品质

心理学家认为，培养学生的数学思维品质是发展数学能力的突破口。思维品质包括思维的深刻性、敏捷性、灵活性、批判性和创造性，它们反映了思维的不同方面的特征，因此在教学过程中应该有不同的培养手段。

数学的性质决定了数学教学既要以学生思维的深刻性为基础，又要培养学生的思维深刻性。数学思维的深刻性品质的差异集中体现了学生数学能力的差异，在教学中培养学生数学思维的深刻性，实际上就是培养学生的数学能力。数学教学中应当教育学生学会透过现象看本质，学会全面地思考问题，养成追根究底的习惯。对于那些容易混淆的概念，如正数与非负数、空集和集合 {0}、锐角和第一象限的角、充分条件和必要条件、映射与一一映射、sin（arcsin$x$）与 arcsin（sin$x$）等，可以引导学生通过辨别对比，认清概念之间的联系与区别，在同化概念的同时，使新旧概念分化，从而深刻理解数学概念。通过变式教学揭示并使学生理解数学概念、方法的本质与核心。在解题教学中，引导学生认真审题，发现隐蔽关系，优化解题过程，寻找最佳解法等。

数学思维的敏捷性，主要反映了正确前提下的速度问题。因此，在数学教学中，一方面可以考虑训练学生的运算速度，另一方面要尽量使学生掌握数学概念、原理的本质，提高所掌握的数学知识的抽象程度。因为所掌握的知识越本质、抽象程度越高，其适应的范围就越广泛，检索的速度也就越快。另外，运算速度不仅仅是对数学知识理解程度的差异，还有运算习惯以及思维概括能力的差异。因此，数学教学中，应当时刻向学生提出速度方面的要求，另外还要使学生掌握速算的要领。例如，每次上课时都可以选择一些数学习题，让学生计时演算；结合教学内容教给学生一定的速算要领和方法；常用的数字，如 20 以内自然数的平方数，10 以内自然数的立方数，特殊角的三角函数值，无理数$\sqrt{2}$、$\sqrt{3}$、π、e、lg2、lg3 的近似值都要做到“一口清”；常用的数学公式如平方和、平方差、立方和、立方差、一元二次方程的有关公式、对数和指数的有关公式、三角函数的有关公式、各种面积公式、各种体积公式、基本不等式、排列数和组合数公式、二项式定理、复数的有关公式、斜率公式、直线和二次曲线的标准方程等，都要做到应用自如。实际上，速算要领的掌握和一些数据、公式等的熟记，在思维活动中是一个概括的过程，同时也训练了学生的数学技能，而数学技能的泛化就成为能力。

数学思维功能僵化现象在学生学习中是大量存在的，这与学生平时所受的思维训练有很大关系。教师在教学过程中过分强调程式化和模式化；例题教学中给学生归纳了各种类型，并要求学生按部就班地解题，不许越雷池一步；要求学生解答大量重复性练习题，减少了学生自己思考和探索的机会，导致学生只会模仿、套用模式解题。灌输式的教学使学生的思维缺乏应变能力。因此，为了培养学生的思维灵活性，应当增强数学教学的变化性，为学生提供思维的广泛联想空间，使学生在面临问题时能够从多种角度进行考虑，并迅速地建立起自己的思路，真正做到“举一反三”。教学实践表明，变式教学对于培养学生思维的灵活性有很大作用，在概念教学中，让学生用等值语言叙述概念；数学公式教学中，要求学生掌握公式的各种变形，都有利于培养思维的灵活性。另外，思维的灵活性与思维的敏捷性是相互依存的，因此，数学教学中采取措施（如编制口答练习题）加快学生的思维节奏，对于培养学生的思维灵活性也是很有好处的。

创造性思维的培养，应当使学生融会贯通地学习知识，在解题中则应当要求学生独立起步，养成独立思考的习惯。在独立思考的基础上，还要启发学生积极思考，让学生多思善问，能够提出高质量的问题，就是创新的开始。数学教学中应当鼓励学生提出不同看法，并引导学生积极思考和自我鉴别。

批判性思维的培养，可以把重点放在引导学生检查和调节自己的思维活动过程上。要引导学生剖析自己发现和解决问题的过程；学习中运用了哪些基本的思考方法、技能和技巧，它们的合理性如何，效果如何，有没有更好的方法；学习中走过哪些弯路，犯过哪些错误，原因何在。批判性思维的培养，有赖于教师根据学生的具体情况，有针对性地设计反思问题，以引起学生的进一步思考。

数学中的美

吴润文

【摘要】利用数学美，可以激发学生学习数学的兴趣和动力，让他们在美的情景中展开想象的翅膀，在美的情景中迸发智慧的火花，在美的情景中陶冶良好的思维和情操，在不断创新中推动自我的完善和社会的发展。

【关键词】数学　数学学习　数学美

长期以来，在数学教学中，人们重视基础知识和基本技能的传授与训练，而忽视了美育的渗透。不善于发掘数学本身所特有的美，不注意用数学美来感染诱发学生的求知欲，激发他们的学习兴趣；不重视引导学生发现数学美，鉴赏数学美，更谈不上引导学生创造数学美，致使一些学生感到数学抽象、枯燥，失去学好数学的信心。

一、展示数学之美，激发学习兴趣

从萌芽状态的原始数学，到当今五彩缤纷的现代数学，美作为数学的重要内涵一直得到所有数学哲学家的公认。现代大数学家希尔伯特给出了数学的三个美学标准：协调性、独立性和完备性。数学家无论是选择题材还是判断成功的标准主要都是美学。人们要求一个数学定理或数学理论，不仅能用简单优美的方法对大量先前彼此毫无联系的个别情况加以描述并进行分类，而且也期望它在“建筑结构”上优美。数学大师陈省身说：“数学上很多简单而困难的问题，这些问题使人废寝忘食，经年不绝。一旦发现了光明，其快乐是无法形容的。”在弥留之际，他说：“我要走了，要去数学的圣地希腊报到了。天堂里，一定也有数学之美。”当年，读懂了陈省身—韦伊定理的诺贝尔物理奖得主杨振宁说，他感到

“真的有触电的感觉，还有更深的，更触及心灵深处的地方。到头来，突然领悟到，客观的宇宙奥秘与纯粹用优美这一价值观念发展出来的数学观念竟然完全吻合，那令人感到怵然”。并不是只有世界一流大师才能发现数学之美，普通人也能，美国科学家卡尔·萨根说：“我们不一定要成为科学家，但并不妨碍我们欣赏科学中的美。”如果没有了美感，只剩下技巧、分数，那么我们培养出来的学生只是考试机器，从他们中间是产生不了大师的。数学教师应该在对学生进行数学知识的系统教育的同时进行数学美的教育，使学生懂得学数学既有题海之苦，也有探秘寻幽之乐，让他们觉得学习数学是一种需要，一种享受。如在讲椭圆的离心率概念时可以通过“这些或圆或扁的椭圆中你觉得哪个最美”引导学生欣赏神赐的比例0.618——黄金分割之美。蜚声世界的著名建筑（埃及的金字塔，希腊的帕特农神庙，法国的巴黎圣母院，中国的故宫）都用黄金分割构图，主体建筑的设计都适合黄金比，主要景点的布局都在画面的黄金点上，使整体建筑显得协调、悦目、美观、大方；人的下半身长与身高之比约为0.58，只有踮起足跟或穿上高跟鞋才能接近黄金比，这大概是爱美的女性喜欢穿高跟鞋和跳舞要踮起足跟的内在奥妙；液态的水温范围是0℃到100℃，人的正常体温恰好是这两个数的黄金分割点37℃，而人的身心感觉最舒服的气温又恰好在37℃的黄金分割点23℃，在这一温度附近，肌体的新陈代谢、生理功能与活动节奏就处于最佳状态。这些看起来风马牛不相及的客观现象竟然这样奇妙地被数学统一起来，还有多少奥秘也要用数学来揭开呢？这种激发学生兴趣的效果胜过几百遍的苦心说教。

二、融贯数学之美，加深知识理解

数学美是美的高级形式，它的特点在于抽象的理性形式中包含着无限丰富的感性内容。在教学中，教师运用大量生动的感性材料给学生以美感直觉，把抽象枯燥的数学概念、公式、定理先给学生以具体的直观形象，再上升为理性形象，成为字母与运算符号间的造型艺术，使学生对所学知识易于接受，便于理解。教师通过严密的推理、生动的语言、优美的图形、科学的板书等做出审美示范，创设思维情境，把数学美的简单统一、和谐对称等特征融贯在整个教学过程中，使学生在美的享受中获得知识，理解知识，掌握知识。在潜移默化中理解数学美的真正含义。教师通过引导学生对所学知识进行前后比较，归纳总结，揭示内在规律，形成有序的结构体系，并教给学生归纳整理的方法等手段融贯数学之美，既能促进学生进一步巩固和加深对所学知识的理解与应用，又能提高教学质量，起到事半功倍的效果。在感受美、鉴赏美的过程中建立起知识链，形成了知识的有序结构和解题的方法体系，巩固和加深了对所学知识的理解和应用。例如，北师大版第一册《小老鼠背土豆》就是 6、7 加减法的延伸，通过童话故事，让学生讲故事，列算式，掌握知识，使学生体会到生活中处处有数学，在轻松愉快的气氛中体会数学与童话故事的和谐美。又如，第七册《伴你成长》找出规律的习题：$999 \times 328 = 327672$　$999 \times 514 = 513486$　$999 \times 705 = 704295$　$999 \times 676 = 675324$，发现规律并填得数 $999 \times 217 =$　$999 \times 439 =$　$999 \times 842 =$　寻找它们的规律，感受数学知识规律美，感受知识与规律之间的神秘之美。再如，让学生仔细观察生活中的蜂窝、花朵、建筑物等，发现这些物体往往呈现出几何图形对称或不对称美；开展隐含着数学知识的兴趣小组、棋类比赛、数学游戏等，这种数学美的熏陶能使学生真正拥有一双充满情感与发现美的眼睛。大自然在青少年学生的眼里充满灵性和感情，因此我们要多开展数学活动，寻找数学知识的延伸点，让学生在课堂中感受到审美情趣的教育，不断扩大视野，勤于动手动脑，在发展志趣的同时既丰富精神生活，又加深了对知识的理解。

三、创造数学之美，培养思维能力

数学教学的基本任务之一是在传授数学知识和培养技能、技巧的过程中发展学生的思维能力。根据青少年好想、好动的特点，在教学中教师通过一题多解（证）、一题多变、一法多用、一图多变等数学的奇异美，鼓励学生多向思维，标新立异，找出最优方法。教师要善于把握教学机制，创设思维境界，用数学美启迪学生思维，当学生对数学美的感受最灵敏、最强烈、最深刻的时候，他们的思维也进入最佳时期，逻辑思维和灵感思维交融促进，聪明才智得到充分发挥，一旦“灵感”出现，他们就会感受到创造数学美的喜悦和成功后的乐趣，毫无疑问他们的思维能力也能得到培养和提高。比如在解题中，多数同学能用比较法、综合法、分析法和反证法给出四种证明，初步享受到成功的喜悦。教师抓住时机，及时点拨，促进学生思维发散，鼓励学生标新立异，引导学生观察式子的整体结构特征，发掘题中的隐含条件，寻求其他证法。数学美的诱发力唤起了学生浓厚的兴趣，启迪了他们的思维活动，经过观察、分析、联想，有的同学给出了一些新颖证法，其中提出了一种三角证法。学生亲身感受到数学的奇异之美，陶醉于创造数学美的愉悦之中。这个对学生来说，可视为创造性发现。此时，师生情感交融，学生思维的灵活性、发散性、深刻性、独创性等诸方面都得到了培养和提高。

四、发掘数学之美，陶冶思想情操

学数学不仅仅是锻炼思维，更主要是在培养一种精神，一种对数学永无止境的钻研精神。当对一个题目百思不得其解时，你能说这不是在对学生进行一场毅力考验吗？数学中的审美教育同文学艺术一样，具有潜在的思想教育功能。不过，数学美是美的高级形式，对缺乏数学素养的人来讲，特别是青少年受阅历、知识和审美能力的局限，不可能像文学艺术那样轻易地感受和意识到，这就需要教师不断提高自身的专业知识水平和美学修养，认真钻研教材，深入发掘和精心提炼教材中蕴含的美育因素，为学生创设和谐、优美、愉快的学习环境和气氛，引导学生按照美的规律去发现美、感受美、鉴赏美和创造美，进行审美教育，提高审美能力，培养审美意识。在教学中，教师应充分展示教材的数学美，使学生受到美的熏陶，同时激发他们的创新意识，培养他们的创新能力。

总之，利用数学美可以激发学生的学习兴趣和动力，让他们在美的情景中展开想象的翅膀，在美的情景中迸发出智慧的火花，在美的情景中培养良好的思维品质，在不断创新中推动自我的完善和社会的发展。

教育植根于爱

叶东芳

【摘要】关心学生、接近学生、做学生的朋友、热爱学生是我们教师工作的根本出发点和重要归宿。这一份爱，就像一艘小船，虽然途中会遇到风风雨雨，但我们都有一个共同的目标，那就是和学生同舟共济，勇往直前，直达胜利目的地。

【关键词】教育　植根　爱

鲁迅先生曾说过："教育是植根于爱的。"爱是教育的源泉，教师有了爱，才会用伯乐的眼光去发现学生的闪光点，对自己的教育对象充满信心和爱心，才会有追求卓越的精神和创新的精神。

爱心不是教育的全部，但爱心是教育最基本的前提条件，正如苏霍姆林斯基所说："如果每个儿童的喜悦和苦恼都敲打着你的心，引起你的思考、关怀和担心，那你就勇敢地选择崇高的教师工作作为自己的职业吧，你在其中能找到创造的喜悦。"正因为爱，所以会有创造的喜悦，正因为有创造的喜悦，所以对教育、对学生更加充满爱的情感。真正的教育，正是这种爱与创造永无止境的良性循环。

教师的爱心是成功教育的原动力。陶行知先生说得好："捧着一颗心来，不带半根草去。"这正是教师无私奉献爱心的典范。未来的教育家应该全身心地去爱学生、爱教育。只有爱才能赢得爱，你爱教育事业，教育事业才会爱你，你才能获得事业上的乐趣。只要你能够发现、挖掘教育职业中弥漫着的那种美，你就会每天都产生冲动，你就会感觉到每个学生都是一朵含苞待放的美丽的花朵。为了培育这些美丽的花朵，作为园丁的教师就必然孜孜以求，勤于学习，不断充实自我，提高自身素质。

教师的爱与尊重是照亮学生心灵窗户的烛光，学生美好人生的开端掌握在教师手中。教师只有用自己的爱，才能与学生产生心灵的碰撞，才能超越人的自然属性而达到完美的境界。只有用爱心才能教会学生去爱身边的每个人，爱身边的一草一木。做一名合格的教师，要先播下花的种子，再浇水锄草，特别要将那些长歪的小苗一棵棵扶正，那么，在不久的将来，我们必将迎来一个姹紫嫣红的美丽春天。教育家马卡连柯曾经说过：“爱是一种伟大的感情，它总在创造奇迹，创造新的人。”笔者始终认为，提高教师素质一个很重要的前提就是爱心。只有在爱的基础上，教师才会投入他的全部力量，才会把他的青春、智慧无怨无悔地献给孩子们，献给教育事业。

育人就像茫茫大海永无止境，说到经验和方法，笔者作为一位年轻教师，真的还没有形成很好的方法和理念，也很迷茫，但是笔者始终坚持着一份爱心。这一份爱，就像一艘小船，虽然途中会遇到风风雨雨，但我们都有一个共同的目标，那就是和学生同舟共济，勇往直前，直达胜利目的地。我爱学生，学生也把我看成自己的姐姐，他们生活和学习上的任何事情，我都会去关注。学生虽然觉得我烦，爱唠叨，但是他们也深刻感受到了老师的爱，他们同样爱老师。每一年的生日，都是学生跟我一起过的，他们让我感动，让我感受到与他们在一起的幸福。

笔者和学生既是师生关系，也是朋友关系，同时也是姐妹、姐弟关系。做学生工作要有爱心，爱心可以感化学生。当你真正去爱一个学生时，他会感受到老师对他的好，这时候他一定会信任你，跟你交心，他同样会爱老师。爱学生，只需要关注他的生活，关注他的学习，简单的鼓励，简单的问候，简单的提醒，鼓励性的督促（记得做作业，记得背书，放假打电话，问问他在家的情况，有空跟他聊聊天），沟通从细节开始、从小事做起。简单的事情，如要按时吃饭，不准吃泡面；天气冷了多穿衣服，中秋或端午与留宿同学一起过。学生心情不好时，你及时给予开导和安慰；成绩退步时，你及时给予信心和分析原因等，学生会感受到老师对他们的在乎。记得陶行知先生讲过：“我们必须变成小孩子，才配做小孩子的先生。”所以很多时候，笔者也会用大家看起来比较幼稚的方式与学生相处，甚至去“哄骗”他们，其实这也是一种鼓励性的方式。当然，在笔者管理班级过程当中还有很多要学习的方面，比如，如何提高班级的凝聚力，开展活动时如何调动积极性，如何开展团体协作的活动等。

关心学生、接近学生、做学生的朋友、热爱学生是我们教师工作的根本出发点和重要归宿。热爱学生，就要关心学生的全面发展。一个班主任不能只是关心学生学习的好坏、成绩的高低、能否在比赛中拿名次，而是要全面关心学生的身心健康和个人素质，关心学生德智体各方面的发展，促进学生各方面的和谐发展。例如，我们班上的某男同学，刚进入高三时四科总分一共只有 201 分，像这种成绩比较落后的学生，本身自信心相对不足，当进入高三看到别人不断努力学习、不断进步之时，自己对学习更会有一种焦虑甚至逃避的心态。对于这一类型的学生，我们要做的就是，像大姐姐对待小弟弟那样，在他受到挫折时给他鼓励，在他放松时，给予他督促，不断鼓励他，陪伴他的成长，分享他点点滴滴的成功，最后当他拿到华南理工大学录取通知书时，相信他肯定知道，老师内心的喜悦一点也不比他少。

窗外阳光明媚，不管是参天的大树，还是卑微的小草，都无一例外地得到阳光的抚爱，焕发着生命的活力。对自己说，对茁壮成长的万物说：“无论是谁，无论成功还是失败，永不轻言放弃！”请记住，当自己在苍茫的人生旅途中一路走来，要珍惜眼前每一朵花。抬头仰视它，千万不要在低头的刹那碰落它，因为每一朵花都有盛开的理由。

运用语篇分析理论反思高中英语（SEFC）的阅读教学

吴君毅

【摘要】本文重点研究了在高中英语教学中，如何运用语篇分析理论解读教材中的篇章类型及其篇章模式，从而在教学中注意培养学生对不同类型文章的组织及结构的识别能力，帮助学生构建篇章结构的知识图式，提高学生的阅读效率和写作水平。

【关键词】语篇分析　篇章类型　篇章模式　高中英语　阅读教学

一、语篇分析为高中英语阅读教学提供新的视野

《普通高中英语课程标准（实验）》自实施以来，高中英语教学又有了新的气象。课程标准倡导高中英语课程应"着重提高学生用英语获取信息、处理信息、分析问题和解决问题的能力，特别是注重提高学生用英语进行思维和表达的能力"。由于听和读，尤其是读，是获取信息的重要途径，因此，高中英语教学应当突出学生阅读能力的提高和阅读策略的培养。这也与《全日制普通高级中学英语教学大纲》中"应侧重培养阅读能力"的这个要求不谋而合。

事实上，近十年的高考试卷也坚持了"突出语篇、强调运用、注重交际"的设计原则，把测试的重点定位在语篇上，侧重阅读能力的考查，检测考生的语篇领悟能力、解析能力以及在语篇中应用语法知识的能力。2007 年，广东普通高考英语卷就把往年的单项选择题取消了，而引入了语法填空题。学生要在语篇理解的基础上，根据语篇的连贯和语法性两个要求完成一篇短文的填空。而且，自 2014 年起，这一题型被全国课标卷所采用，因此，这对考生的阅读量以及对阅读速度的要求也大大提高了。

在阅读中，学生耗时多，效率低，缺乏相应的阅读策略。在教学中，长期以来，语篇被肢解成单词、短语及句子，进行翻译串讲，偏重单项知识的讲授和语法分析，忽略语篇整体教学。如何通过加强语篇教学改变目前这种阅读教学低效的状况，是每个高中英语教师必须面对和解决的问题。语篇分析理论为解决高中英语阅读教学的这种困境提供了新的视野。

二、语篇以及语篇分析的概念

语篇（text）是篇章语言学（Text Linguistics）概念中的一个子概念，不同学者的著述中有不同的理解。我国语言学家胡壮麟（1994）认为，语篇是“任何不完全受句子语法拘束的在一定语境下表示完整语义的自然语言”。篇章是构成语篇的一个单位。但他同时认为，“语篇”统称了“话语”和“篇章”两个概念，一般情况下不必分说两个概念。韩礼德和哈桑（Halliday & Hasan）认为，最好把语篇看作语义单位。语篇（或篇章）是交际过程中一段有意义、传达一个完整信息、逻辑连贯、语言衔接、具有一定交际目的和功能的语言单位或交际事件（刘辰诞，1999）。语篇必须符合 Beaugrande 和 Dressler（1981）所提出的七个标准：衔接性（cohesion）、连贯性（coherence）、意图性（intentionality）、可接受性（acceptability）、信息性（informativity）、情景性（situationality）和跨篇章性（intertextuality）。

由于语篇是带有一定目的性的一种交际行为，语篇目的可以说是交际行为的出发点，故必须考虑语篇目的或语篇功能。要实现一定的交际目的或交际功能，语篇必然具有相应的特征，从而形成一种语篇类型。语篇类型实际上就是由 Fowler 提出的“体裁”（genre）。语篇类型是与语篇功能紧密相关的，比如，若语篇的目的是说服，就使用论辩性语篇类型；如果语篇具有介绍功能即目的是解释现实，就使用说明性语篇类型。

有学者提出，语篇是语义单位。在特定情景中发生的语言单位都是以语篇为基本形式的。因此，话语分析的任务在于了解语篇的意义。语篇分析通常指的是对于比句子或语段更大的语言单位所做的语言分析，从语篇的整体出发，对文章进行理解、分析和评价。它以语篇为基本单位，围绕语篇的整体内容进行词句解释，分析人物性格或事件缘由，总结中心思想和写作技巧。进行语篇分析不仅要重视语言形式，还要重视语言功能，同时注重文章的文化背景知识和相关知识，以培养学生理解分析能力和获取完整信息的能力，从而促进学生深层次理解语篇，提高阅读理解能力。

三、运用语篇结构分析反思在SEFC篇章的阅读教学

在以往阅读教学中，教师往往遵循这样一个教学步骤：生词教学（Teaching Vocabulary）—句型分析（Sentence Patterns）—文章翻译串讲—语法讲解（Grammar）。在这种支离破碎的课文分析中，学生“只见树木，不见森林”。学生明白了文章的字面意义，却不能读懂文章。更为严重的是，学生面对生词相对较多的文章时，更不知所措，根本不能往下读，耗时长，效率低。这些都是在传统阅读教学中忽视了篇章所造成的。

语篇分析的方法强调从篇章入手，分析篇章各部分之间的关系以及它们在表达主题中的作用，这就避免了上述情况发生。由于语篇的话语场景、话语基调和话语方式的不同，语篇体现为不同的体裁。一般来说，语篇有四种基本类型：叙事性语篇、议论性语篇、说明性语篇和描写性语篇。各类语篇体裁的存在，使得某些语篇具有大体相同的图式结构，而这些图式结构影响着语篇的内容和语言风格。这样，同类语篇有一定的共性。英语语篇教学应让学生把握语篇体裁的特征，并围绕各类语篇的图式结构开展教学活动（黄国文，1988）。

下面以SEFC教材中最常见的两类语篇（叙事性语篇和说明性语篇）为例，谈谈语篇分析如何在阅读教学中发挥作用。

1. 叙事性语篇实例分析

叙事性语篇用以叙述一个故事、记述一桩事件或描写一个人物的生平。叙事性篇章大量存在于高中英语教材中。其中，*A Night The Earth Didn't Sleep*［原文略，见《普通高中课程标准实验教科书：英语1（必修）》，人民教育出版社，下同］便是最为典型的一篇文章。

拉波夫（Labov，1972）根据自然叙事顺序总结出的叙事结构模式包括六个部分：摘要（abstraction）、定位（orientation）、过程（complicating action）、评价（evaluation）、解决（resolution）和结尾（coda）。这六个组成部分分别解释了以下几个问题：

摘要是对故事的内容梗概的呈现，引起读者阅读的兴趣。文章首段首句（Strange things were happening in the countryside of northeast Hebei）就突出了“strange”一词，指出本文段要记叙的并非一般的事件，引起了读者的阅读兴趣。

定位是对故事背景的交代，包括人物、时间、地点。阅读文章首段，学生可

以快速把1976年7月28日在我国河北省唐山地区发生地震的这个背景要素找出来。这段文字多次使用过去进行时（were happening，rose and fell 的重复使用等），时间状语（for three days，at about 3：00 am on July 28，1976 等），地点状语（in the countryside of northeast Hebei，in the village wells，in the farmyards，in the sky，outside the city of Tangshan，in the city 等）和方式状语（…looking for places to hide，…as usual 等）。

过程是指接下来发生的事情，出现了什么问题。这是整个叙事篇章的主体，是对构成故事的主要时间的发展安排。文章第二段首句（At 3：42 am everything began to shake.）交代了这个事件——地震发生了。地震发生时的情景，通过一系列动态的描写把地震发生时的所见、所闻和所感都呈现出来，如 shake，feel，cut across，burst，become，lie in ruins 等。在过程的描述中，大量使用动词一般过去时，并按一定的时间顺序排列。

评价是在事件发生过程中加插的情节之外的评论，主要通过内在人物的自发评价和叙事者外加的评价两种方式。在所选语篇中，一个包含作者怜悯、哀叹之情的感叹句带出了作者的评价：But how could the survivors believe it was natural！评论中使用了情态动词 could，使用了感叹句。在这里，其表达效果比"The survivors didn't believe it was natural"要强。此后，作者更运用比喻的修辞手法发表评价，如使用明喻（Bricks covered the ground like red autumn leaves）和暗喻（No wind，however，could blow them away）来道出本次地震破坏力之大。此外，本段最后一句通过事件参与者的感叹加入内在评论（People began to wonder how long the disaster would last）。内部评论和外部评论首尾呼应。

解决是文章的结局，是叙事者对情节、人物、事件等所做的评议。文章末端首句（All hope was not lost）带出地震灾害发生后，各种人物救灾的情况。

结尾是故事世界与现实世界之间的桥梁。文章最后一句话（Slowly，the city began to breathe again）指出了救灾工作有条不紊地进行，同时暗含叙事者对取得救灾胜利的信心。同时，呼应标题中"sleep"这一拟人化的用词，在结尾处再次使用拟人化"breathe"一词，语言生动。

叙事性语篇除了在语篇结构上呈现相对稳定性外，语篇内部的语言也有其稳定性：在定位时往往使用过去进行时，在描述过程时往往使用一般过去时，同时使用多种表示时间、地点和方式等状语；而评价则更多地使用修辞手法，如夸张、比喻、拟人等，在语言上还使用情态动词、比较词等。

2. 说明性语篇实例分析

说明性语篇主要是对事物或现象的发生、变化、特征或功能进行介绍或解释。这种语篇“话题”（topic）明显，同时也遵循一定的篇章模式对“话题”进行解释和阐明。

例如，《英语1（必修）》中的 *Standard English and Dialects* 一文。从标题上看，本文有两个“话题”（topic）——标准英语和方言。从篇章结构看，三段都有很明显的一个主题句：第一段是“What is standard English”，第二段是“When people use words and expressions different from the ‘standard language’, it is called dialect”，第三段是“Geography also plays a part in making dialects”。可见第一段要说明“标准英语”（standard English）这一话题，第二段和第三段是说明“方言”（dialect）这个话题，而第三段中的 also 也就成为一个语篇标志。其中，第二段的主题句还起着承上启下的作用，道出了两者的关系。

文章第一段运用了“提问—回答”这一篇章模式。该篇章开头就设置了问题“What is standard English”，用一种明显的、提问的方式来发展篇章，寻求对这一问题令人满意的答案。接着对这一问题提供一个答案，并提供证据支持。而文段中“Believe it or not”的一句插入语，则表明这一“提问—回答”篇章中提供的答案可能是尝试性的。最后，还通过有力的证据“That is because…”尝试对这一回答进行解释。

在说明性语篇中，可供使用的说明方法有很多，如定义法、举例法、比较对比法、数字法、图表法、引用法、比喻法、程序分析法、因果分析法和分类法等。教师要注意在教授说明性语篇时，介绍各种篇章所使用的说明方法。第二段首句即用了定义法，给“方言”（dialect）下了定义：When…, it is called…。

四、语篇分析让英语阅读教学回归本真

运用语篇分析法教授阅读，从根本上防止了语篇和语言的割裂。学生能够充分利用语篇这个背景，进而在深切理解文章内涵的基础上，吸收语言知识。通过指导学生从叙事性语篇中找出相互连贯的、提纲挈领性的结构，并通过语言标识令这个结构显性化，从而大大提高学生阅读的效率。

在教学中，教师应当帮助学生建立各种语篇图式，丰富它们的图式，并引导学生在阅读语篇时，调动大脑中相应的图式，降低学生对阅读的难度预期，帮助学生在较短的时间内迅速把握文章结构和大意，并在教师引导下对文章的更深层含义进行挖掘。语篇分析就这样还原了英语阅读教学的本来面目，使学生能够重新找回阅读的兴趣和信心。

参考文献

[1] M MCCARTHY & R CARTE. Language as discourse: perspectives for language teaching. Peking: Peking University Press, 2004.

[2] HALLIDAY, M A K. The handbook of discourse analysis. Vol. 2. Blackwell Pub, 1985.

[3] 胡壮麟. 语篇的衔接与连贯. 上海: 上海外语教育出版社, 1994.

[4] 教育部基础教育司英语课程标准研制组. 全日制义务教育英语课程标准（实验稿）解读. 北京: 北京师范大学出版社, 2003.

[5] 刘辰诞. 教学篇章语言学. 上海: 上海外语教育出版社, 1999.

[6] 刘文敏. 语篇分析在SEFC精读教学中的应用. 信阳农业高等专科学校学报, 2003 (4).

[7] 人民教育出版社等. 普通高中课程标准实验教科书: 英语1（必修）. 北京: 人民教育出版社, 2007.

英语课堂中教师评价语言的有效性探讨

余晓娜

【摘要】 教师的评价语言是课堂教学中教师话语的重要组成部分，就话语量而言所占的比重也许不高，但它是教师对学生表现的反馈，是沟通师生情感的桥梁。有效的评价不仅对学生，还对教师本身和整个教学过程与效果都有重要影响。在当前对课堂有效性的研究背景下，本文将由此阐述如何在英语课堂中恰当运用评价语言，并结合个人案例进行分析。

【关键词】 英语课堂　教师话语　评价语言

一、英语课堂中的各类教师话语

教师话语（teacher talk）是教师行为的重要组成部分，是指教师在第二语言或外语学习的课堂上为组织和从事教学所使用的语言。教师话语的数量和质量都会在一定程度上决定教学效果。但是，与其过多地限制数量，不如把好质量关，提高效率，从而实现高效课堂。

英语课堂中的教师话语，包括导入语、解释语、指令语、课堂提问、反馈语等，本文探讨的评价语言即属于反馈语的范畴，这里要明确两点：第一，语言不仅仅是我们平常所认为的具有种族属性的民族语言，而是从广义上讲的具有交流属性的语言。第二，这些不同类型的语言在不同的教学阶段或不同的学科课堂里都会应用到。尤其是在英语课堂中，双语交互需要更频繁地借助语言来吸引学生的注意力，加强他们的记忆力，所以更具有探讨的价值。

二、英语课堂中的教师评价语言现象

有效的课堂需要频繁的师生或生生互动语言，教师的解释、同学们合作进行的对话、教师的点评，都在课堂互动语言的范围里面。一般来说，学生与学生之间的互动主要体现在合作活动中，而师生间的互动语言就通过问答、评价等多样的方式体现。其中，课堂中的评价语言起着重要的促进作用，无论是口头的还是书面的，不管是直接的还是间接的，课堂评价语言都是教师对学生表现的反馈，是沟通师生情感的桥梁。

原因如下：其一，有效的评价是为了更好地鼓励学生，使学生充满信心，积极主动地投入学习活动中去；其二，有效的评价可以引导、启发学生的多维思维；其三，有效的评价有时也是为了批判，使学生认识到思想或行为上的错误，及时改正。总的来说，教师的评价语言的使用方法及内容，从某种程度上表明其对学生的态度，学生根据所传达的信息适时调整，即形成师生之间的沟通。

其实，对于从小接触汉藏语系的中国学生来说，日耳曼语系下的英语或多或少还是会有距离感，学习起来也有一定的难度。这样一来，提高学生学习英语的热情与兴趣就成了关键。苏霍姆林斯基指出："教育的艺术首先包括谈话的艺术。"这说明教学效果很大程度上取决于教师的教学语言。笔者认为，应充分利用课堂机会，多给予学生正面的评价，以激励学生不断提高，即在课堂上多运用有效的评价语言，因为一句鼓励的话对一个学生来讲就是一种学习的动力。那么，如何让英语课堂上的评价语言不但有效，而且具有艺术性呢？通过总结反思自己的课堂实例，笔者有如下感悟。

三、提高课堂评价语言效果的建议

1. 因人而异，得体恰当

孔子早已提出"因材施教"这一先进思想，说明了要重视学生的个性发展。对于课堂上学生的表现，不能一概而论地给予相同的反馈，因为学生的需求是不同的，另外，学生不是被灌输的机器，他们也会批判地吸收信息，倘若教师给予的评价都是类似的，那么再多的反馈对他们来说都是没用的。因此，应根据学生的水平、性格等不同给出相应的评价。

在日常教学中，由于缺乏机会让学生锻炼口语，一周只能做一次课堂指导。

就算是简单的模仿朗读（Reading Aloud），大部分学生还是扭扭捏捏，不敢在众人面前发言。这种情况下，笔者往往是找优秀的学生示范，读完之后不立即评价，而是让学生自己评。一般而言，学生会自己先挑毛病。

T：Anyone would like to try? Don't worry.

T：How about ×××? I know you are ready!（学生读和评）

T：Good job. Now please comment on your reading.

T：Have you noticed something good?

通过学生自我反思，或者学生互评的方式，可以促使其注重细节，加深印象，同时体验到进步的成就感。当然，也不乏同学自告奋勇，大胆举手，这类同学相对比较自信，而且有较强的表现欲，在做评价的时候可以配合更多的肢体语言和丰富语调来表示肯定与表扬。

T：I appreciate your courage.

T：Everybody, let's applause for them!

T：Well done! You are a good example for others.

教师应认识和了解处于不同层次的学生，甚至是具体同学的性格特征等，在给予评价反馈的时候真正做到“因人而异”。

2. 鼓励为主，适时引导

一个出色的教师是永远不会吝啬于抓住机会鼓励学生的。课堂上，教师一句无意的评语，都可能会左右学生听课的情绪，甚至能影响其日后的成长。所以，老师应尽可能地多说好话，也就是多鼓励、引导学生。一方面，学生的行为受到肯定后，有利于其继续重复所希望出现的行为。另一方面，鼓励一个学生可以促使其他人认识到，只要按某种要求去做，就可以受到鼓励，说明这种行为是有益的，因而大家就会争相努力，以获得肯定性的鼓励和奖赏，实现一带十、十带百的积极效应。

但是，并不是每个学生的回答都能按照教师的意志形成。有时遇到学生回答不出，教师一着急难免会做出纠正性评价，其实学生更需要的是指导性评价。在学生陷入困境的时候，教师可以进行引导，并适当地给予安慰，缓和气氛。

T：Can you understand the question?

T：Try to focus. It is OK! Good try.

T：Thank you though. I am sure you can do better next time.

当然，鼓励不可滥用。滥用的情形体现在两个方面：第一，对所有学生无一例外地给予类似的表扬，慢慢地，教师的评价性话语也将失效，成为名副其实的废话，当学生存在知识或思想认识上的不足时，教师及时指出也无妨。第二，带有主观偏颇的嫌疑。有时候教师的评语会无意中反映出其对某些学生的偏爱，于是过度的鼓励集中在部分学生身上。这时的鼓励不仅不能促进辐射效应的形成，反而会招来其他学生的厌恶，因为他们会觉得自己被冷落了。长期如此，课堂上就会形成只有少数或部分学生积极活跃，其他学生则沉默寡言的局面，这对教学是十分不利的。

3. 变化多样，巧妙创新

在英语课堂教学中，单纯地学习语言本身就有点枯燥，但如果教师有着多样、灵活、生动、丰富的评价语，学生就会如沐春风，时时激发出思维的火花，课堂上也能够充满勃勃生机。试想，假如老师在教学过程中频繁使用某个或某几个词或短语，如OK，good等进行评价，久而久之，学生会把这些话语当作老师的口头禅，因此是不是评价语言已经不重要了。评价语言不仅要少重复、多变化，倘若评价语言能够适时地结合背景实际加以润饰、创新，想必也能有效地吸引学生的注意力，提高课堂教学效率。

笔者始终认为英语教学更多是语言运用和文化渗透，而非单纯的学科教学，因此可以通过语言的多元化来使评价更生动。

（1）变化语言表达：good；excellent；well done；congratulations；you're the best；awesome；fantastic；never mind；It doesn't matter…

（2）配合肢体语言：和蔼的笑容、升高的语调、关注的眼神等都是对学生的肯定。

（3）联系流行文化增加趣味性：模仿流行的电影电视剧，引用歌词台词等，有助于吸引学生的注意力，拉近师生间的距离，增强教师魅力。如借用流行的游戏中的等级评价（excellent；great；okay），转换语言频道，利用方言或小语种，增加趣味性。

四、课堂评价语言使用的问题及启示

总结实践中的教学还是会反映出一些问题，如下：

1. 评价语言重复、僵硬

在对中外教师话语进行对比分析后得出的其中一个结论：学生基数大是中国教师话语高效的阻碍因素之一。当教师面对的授课对象多，很难准确把握次重点，同时也有教学任务的压力，使得课堂上的教师无法过多地分心，在语言上也难以过多地花心思斟酌。但往往正因为小细节的忽视，影响了环节间的链条作用，不利于高效课堂的培养。

2．评价语言单一、缺乏针对性

通过对比本校教师和外籍教师的课堂评价用语发现，语言的丰富性不仅包括用词的多样，还包括具体的场景诠释，既可以是丰富的肢体语言，也可以是细节评价。有时候教师的评价会泛化，因此使学生听起来像空话，其实不妨多角度，找细节，以真实的情感态度感染学生，增强评价语言的有效性，促进师生互动。

对于教师来讲，如能在评价语言上下功夫，也是对自己的一种历练。一方面能加强教学语言技术的应用，提高教学语言的艺术性，另一方面也有助于丰富个人情感，提高教学成就感。对于学生来说，有效的评价能唤醒、激发并提升其个人潜能，同时也能提高学习兴趣与热情，促进个人及集体的发展。从教学的角度来讲，正确运用评价语言不仅能发展和谐良好的课堂氛围，也能促进师生共同进步，体现人文关怀。

参考文献

[1] 陈利平等．新课程背景下的教师课堂语言．北京：高等教育出版社，2005.

[2] 张英．教师恰当的课堂评价语是学生前进的风帆．云南教育（继续教育版），2006（11）.

[3] 金莺．英语课堂教学过程中如何实施有效评价．基础教育外语教学研究，2007（5）.

[4] NUNAN D. Language teaching methodology: a textbook for teachers. New York: Prentice-Hall Inc., 1991.

[5] 曹菊香．充满魅力的课堂评价．新课程（小学版），2009（3）.

小学与初中英语教学衔接的实践与思考

刘拾美

【摘要】本文主要从研究课程标准总目标、小升初衔接的方法及具体实施策略的展示、优化使用教材及评价机制的选定等方面，对小学升初中在英语教学的衔接上阐述了作者的实践与思考。

【关键词】小学与初中　衔接　初中英语　教学方法

由小学进入初中是英语学习的一个重要转折期，小升初衔接的好坏会直接影响整个初高中阶段的英语教学和学生后续英语学习能力的培养。虽然初一学生充满了对初中学习的向往和新鲜感，但由于从小学到初中的英语难度跨度大，初中英语上课节奏很快，小学的学习方法不再适合初中的英语学习，部分学生成绩下滑，掉队现象严重，这时教师如能做好规划，抓好初一英语教学，引导学生走上英语学习的良性循环道路，将有助于整个初高中的英语学习，收到事半功倍的效果。

一、明确初中英语教育教学的方向和任务

通过《义务教育英语课程标准：2011 年》（以下简称《课标》）对初一（三级）英语与小学毕业（二级）英语的目标要求的对比中不难发现，初中的要求明显比对小学毕业的要求加深了许多，同时通过仔细研究《课标》在语言技能、语言知识、情感态度、学习策略、文化意识等方面对初中和小学毕业英语的各项学习的要求的比较，发现小学更注重教学的趣味性，着重在教师指导和帮助下的一些听说读写技能的初步涉及，而到了初中则更加注重个人能力的提升和发展，还更加注重学习的独立性和自主性能力的培养。因此，教师在进行小学与初中英

语的教学衔接时，目光要放长远，在进行教育教学的过程中要创设出三年初中甚至三年高中的各层次的要求和目标，只有这样自己的教学设计及教育理念和方法才能有的放矢，才能做到目标明确、可操作性强。

二、全面做好小学与初中的教学衔接工作

《课标》指出“要注意做好学段之间的协调和衔接，尤其要做好小学与初中阶段的平稳过渡”。小学与初中虽然都属于义务教育阶段，但二者在教学对象、教学内容、教学要求、教学方式和学习方式上均存在着一定的差异。因此，帮助初中学生了解这些差异，引导他们尽快适应初中的学习与生活，是摆在新学期初一教师面前的迫在眉睫的任务。

1．做好中小学英语教学任务、教学内容的衔接

小学的英语教学任务主要是培养学生听说方面的能力，老师一般从启蒙知识开始，通过听和直观感受积累，让学生学习一些常见的词汇、简单的句子和少量的语法知识。到了初中，学生从语言的积累阶段进入了语言的扩展和使用阶段，内容逐渐复杂，难度也随之增大，教学要求从听说为主，逐渐向听说领先、读写跟上的阶段过渡和转移，学生要适应新的环境、新的科目、新的教学方法和新的教学要求。这就要求在教学任务和教学内容上解决好中、小学英语教学之间的衔接问题。

（1）抓好对小学所学知识的复习。初中英语教师要了解与熟悉小学的教学内容，在上新课之前，必须认真仔细地研究小学所用过的教材，在开学的第一周，组织系统的复习，包括词汇、句子、语法和日常交际用语。这样可以熟悉小学的教学内容及学生的掌握程度。

（2）侧重复习好音标。大多数学生对语音知识几乎不懂，具体表现为不认识音标，不会读、不会写音标，对于元音、辅音的发音要求与特点不明白，对于开音节、闭音节以及重读音节和特殊读音中的连读、失去爆破和音的同化几乎一无所知。学生说英语时句子、短文不流畅熟练，不会停顿和正确使用升调降调。因此，加强对学生音标的教学和复习，目的是培养学生拼读单词和自学单词的习惯与能力，能把握好意群和熟练断句朗读的能力。因此可以要求单词听写注明音标，以此强调音标的使用及其重要地位，并加强对朗读的重视。

（3）尽快让学生适应中学英语的教学方式。小学英语教学和中学英语教学在教学方法、教材选取和教学要求上也有极大的不同。学生升入初中以后，由于

不适应这种变化，在英语学习方面会遇到种种困难。如何帮助初中生尽快掌握中学英语的学习特点和学习方法，使他们能够在初中阶段打下扎实的英语基础，培养他们学习英语的基本能力，是初中英语教师要认真研究的一个重要课题。要确保小学教学向初中教学平稳过渡，初中英语教学就必须做好中小学英语教学方法的衔接和教学内容、教学任务的衔接。

（4）介绍简单句、并列句、复合句的基本知识；重点介绍简单句的五种基本句型。

（5）介绍词类与句子成分。例句必须经典、简练、上口，以学生易于熟悉记忆与再现为准。

（6）语法线索。在整体梳理小学中所学语法现象的基础上，让学生初步了解初中要学习的语法项目和中考的关系。另外，在其中可以穿插一些小型测试（如词汇测试、当堂小测等）。

2．做好中小学教学方法的衔接

小学英语教师依据小学生心理、年龄特点特别注重创设教学流程，采取形式多样的教法，积极创设情景，把听说读写和活动有机地结合起来，既活跃课堂气氛，也重视交际能力的培养。但在初中教学中教师较注重语法教学、词汇教学，重视句型、中译英等方面的操练，教法形式单调，易让学生觉得枯燥无味，这就使得刚从小学升上来的初一学生精力无法长时间集中，对教师的教学无法适应，渐渐地失去了原来学习英语的兴趣与动力。因此，初中教师首先应尽可能挖掘教材内容的趣味性，多设计一些有趣的英语对话，让学生积极开动脑筋，积极参与到课堂活动中来。其次，运用多媒体教学，在课堂教学中使用挂图、卡片、实物、电教设备、简笔画等营造出语言交际的情景，形象生动的情景能使学生产生身临其境的感觉，也加大了课堂的容量，提高了教学效率。

3．做好学生学习习惯、学习方法的衔接

小学生步入中学之后，环境发生了很大的变化。初中英语教师往往忽视了小学生习惯行为的衔接。小学生初进中学时存在的习惯行为问题主要有书写不规范、作业粗心马虎、拼写错误多、语法概念模糊、用汉语方式代替英语等。有些家长反映，孩子完成了布置的作业就没事干了，建议老师加大作业量。这件事说明好多学生没有养成良好的学习习惯。通过学习习惯的衔接，要求学生养成自觉学习的习惯，即做到听课聚精会神，认真记笔记、整理笔记、完成作业、找出问题，课前预习、课后复习、勤读多用等。

（1）预习方法的指导。良好的学习习惯和学习方法犹如一把开启知识海洋的钥匙，如能做好，便能起到事半功倍的学习效果。教师要在每节新课学习之前，给学生布置具体的预习作业。教会学生使用工具书，借助于生词表，有的放矢地研读对话或课文，初步了解将要学的基本内容，记录预习中的疑难词组、句型等问题，使学生产生强烈求知的欲望。另外，新课的内容经过预习，学生学起来轻松，更大的收益是使学生养成了勤动手查资料、勤动脑思考问题的良好习惯，培养了其自学能力。比如，在学习第一单元之前让学生熟悉该单元的生词，注意拼写、读音、词性和中文，特别是音标的读写要过关。在学习新课文之前布置学生预读新授课，回答有关问题，找出难点并做好标记，任何形式的课型只要有录音就应听录音、模仿跟读。

（2）听课方法的指导。课堂是学生学好英语的主阵地，引导学生听课时要求紧跟各个教学环节，如复习、导入、呈现、操练等，每一个环节都要积极参与，老师讲解时要集中精力听讲，必要时记好笔记，课堂活动要积极参与。英语课上教师应使学生充分调动一切感官，养成眼、耳、口、手、脑并用的听课习惯，充分理解并熟练运用所学到的英语语言材料，高效地掌握每节课上所学内容。如在 Presentation 这一环节，要求学生眼观教师手势，耳听教师表达，脑子理解、记忆教师所表达的内容；在 Practice 过程中，要求学生张口读、脑子记、手写重难点单词；在 Consolidation 这一环节，要求学生背诵本堂课所学内容，在背诵时，脑子里要呈现出一幅图，背完之后可用简笔画把所学内容画出来。反过来，还可以看着图画把所学内容复述或背诵出来。这样使学生在听课中做到了“五到”，即耳到、眼到、口到、手到、心到，有效地培养了他们听、说、读、写各方面的能力。

（3）复习方法的指导。这是学习过程中自我提升的关键一环，很多学生能做到识记一步，但在理解这关上卡住了，没有更进一步，便无法将所学的知识真正内化成自己的东西。复习要求将课堂上所讲所记的东西不断在脑海中复现以加深理解。

（4）作业的方法指导。这是所学所理解的东西灵活运用的外化形式，是巩固所学知识的重要步骤，英语作业包括口头作业和笔头作业，以听说读写的形式体现出来。这个部分是学以致用的一环，要求学生一定得认真实施并切实做到。当天的作业当天完成，并在第二天及时交给老师批改。

4. 做好中小学生学习兴趣与初中强化学习间的衔接

小学生独有的年龄特征表现出对新鲜事物好奇、好动、好问。进入初一后，他们依然天真烂漫，有正义感，对不喜欢的人和事会表示憎恨。这就需要英语教师在初中英语教学过程中认真把握好教材内容的趣味性，利用各种直观教具营造生动的语言交流情景，使学生在真实的情景中学习英语，体验英语学习的趣味性，享受英语学习的乐趣。开展各种英语课外活动，如竞赛，满足学生的心理需要，让学生在活动中巩固和运用所学的知识，在竞赛中享受到成功的乐趣。但是由于初中有更多的学习任务，光有兴趣是不够的，还得在单词记忆、课文背诵、作业准时完成等学习任务上有强制性要求。当然，教师在具体操作的过程中要注意用语的方式方法，避免采取过激的言行，以免让学生产生逆反心理则过犹不及。

三、在具体操作上要做好五个到位

1. 面对全体，分层关注到位

首先要面向全体，了解学情。对于所教班级学生学习英语的兴趣、程度、学习方法、学习习惯我们都应了解清楚，进行优中差类别的划分，为下一步整体夯实基础、针对个体因材施教做准备。初一学生的英语水平参差不齐，这就要求初一英语教师在教学中做到分层教学、因材施教到位。在备课的环节中，要考虑不同层次学生的需要，设计不同层次的活动和题目，让他们在课堂上都能活动起来，都有事情可做。课外辅导方面，针对不同的学生采用不同的方法，使他们都能形成自己独立的学习方法。“让优等生深化学习吃得饱，让中等生全面学习吃得好，让学困生侧重学习吃得了。”总之，关注两极分化，避免过早分流和掉队，帮扶工作从初一就应着手排查，措施应得当，不能浮在面上。帮扶还要全面，既有知识上的，也要有学法、心理层面上的帮扶，课内课外都要关注分层教学。

2. 强调规范，养成习惯到位

规范学科认识，规范学习环节，规范试题作答。从初一开始老师就要培养学生的规范意识，从学习习惯、形成性测试、试卷作答等方面形成规范。特别是重视形成性测试的规范，备课组要有考后教研、评价报告，老师要做好成绩分析、试卷分析、试卷讲评，设计满分答卷，督促学生的规范意识、规范行为。

3. 注重积累，基础知识到位

初一作为基础年级，夯实基础知识是非常重要的，基础知识不牢固，培养能力就无从谈起。在日常教学中，要立足课本，积累知识，夯实基础，采用低起点、密台阶、小步子的策略，使学生对语言知识彻底理解、准确记忆。切忌教学中好高骛远。

4. 积极参与，课堂活动到位

在课堂教学中，对于每一个教学环节的设计，我们都应注重学生的活动，即学生动口动手动脑的活动，以达到师生互动、生生互动的良好效果。也就是说，整堂课都要与学生的参与有关，都要站在学习者学习过程的基础上。测试活动也要到位，适时地、有针对性地对所学知识进行测试并进行合理评价，以达到鼓励学生的目的。

5. 发散思维，能力培养到位

能力培养包括思维能力和记忆能力。在基础年级阶段夯实基础知识的同时，还要注意培养运用英语进行思维和解决实际问题的能力，培养他们识记词汇的能力、阅读的能力、做题的能力、考试的能力、交际的能力等。

四、优化使用教材及开发校本教材

1. 研究并理解好教材各栏目的编写意图，变“教教材”为“用教材”

教材是《课标》的具体体现，是学生学习的“蓝本”。我们应当以积极的态度去学习、研究教材，理解新教材各个栏目的编写意图，最大限度地发挥各个栏目的作用，切实理解好每个单元设计的听说读写部分的文本内容，对各种文体信息进行分析归类，并比对各种文体的行文风格，在阅读和写作上做深层次的理解和指导。要根据教学目标和学生实际对其进行大胆的取舍，对各个相关的单元内容进行有效的整合重组，让教材为我所用，切忌被教材牵着鼻子走，否则就会感到课时紧，知识的学习、能力的培养都不到位，匆匆忙忙一个学期就结束了。如广州牛津版七年级第二学期的 Unit 2　Protecting our environment，Unit 4　Electricity，Unit 6　Water 这三个单元的知识在期末复习时就可以在写作素材上进行整合，以“节约资源，保护地球”为主题进行写作，让学生对这三个单元的知识进行复习归纳总结，由之前的知识输入向有效的知识输出进行转化，从而达到灵活运用知识的目的，还可以在他们幼小的心灵里注入了关注环境、低碳环保的理念。同时，这些知识还可以与高中阶段的保护环境知识相呼应。

2. 精编精选学习材料组成有特色的校本教材

提高教学质量的重要一环是精编精选学材，但要防止选择对词汇用法大量扩充的学材，更要防止以做题代替学习。训练时应根据本班学生的实际情况，确定相应的练习题量，选择合适的练习内容，不要想一口吃出个胖子。

3. 精心设计，合理利用导学案

导学案要紧扣课本，既要体现出学生自学的过程，又要体现能力的培养。按照导学案操作学习，可以极大地降低学习的盲目性。用好导学案可以使学生们的课前预习和课后巩固有了凭借，从而大大提高学英语的效率。

五、采用科学的评价机制和体系，坚持以学生为主体，做好教学的积极导向

初一的学生所学的东西并不是太多，在进行评价时要以激励表扬为主，同时还可以采用自我评价、同伴评价、家长评价、教师评价等，实现形成性评价与终结性评价相结合。终结性评价可采用口试、听力和笔试相结合的方式，综合考查学生的语言运用能力。在具体操作中可对平时上课的课堂表现、在小组合作学习中的具体表现、单词听写的情况、背书默书的情况进行考查。教师还要组织难易适中的诊断性英语考试，包括词汇测试、综合测试、听力测试等。通过测试，教师可以了解全体学生的英语学习基础，增进教师对学生的进一步了解，为教师备课、上课提供可靠的教学依据，促使学习差的学生知己知彼，及时发现问题，及时调整学习计划以弥补学习上的不足。笔者最近做了一些小升初家长回访，感想很多，觉得家长真是很不容易。绝大多数的家长说，孩子的英语成绩还可以，在学校能考 90 分左右，但是一考书本以外的知识就不行了。有一位家长甚至跟我说，以前觉得孩子的英语成绩很不错，但是让孩子去考 BETS1，没过，很受打击，才意识到孩子的英语成绩并不是那么好，于是就报了学而思的小升初课程，这一年来孩子觉得收获很大。可见，教师还要根据学生的实际情况不断地更新自己的教育教学方法和策略，才能跟进学生的学习水平。

六、结语

初一是六年中学的起始年级，犹如高楼大厦的根基，只有把知识学得扎实牢固，学生的后续学习才能发展得更加顺利。因此，教师在教育教学工作中应树立起大局意识，做好整体规划，确立好层级教育的理念，步步深入，层层递进，勿错过每个阶段的重点，引导学生在初一就养成良好的学习和行为习惯，激发他们学习英语的兴趣，增强听说读写的技能，为初高中的英语学习打下良好的基础。

希望每位教师都能指引学生在“润物细无声”的知识浸润中逐渐变得充实和强大。

参考文献

[1] 中华人民共和国教育部. 义务教育英语课程标准：2011 年. 北京：北京师范大学出版社，2012.

[2] 王琴芬. 浅谈如何进行初一新生的英语教学. 教育教学论坛，2012 (3).

[3] 孟万金. 职业规划：自我实现的教育生涯. 上海：华东师范大学出版社，2005.

[4] 朱益春. 小升初英语教学脱节的成因及对策. 英语教育周刊（电子版），2008 (138). http：//paper. i21st. cn/story/46377. html.

[5] 上海教育出版社. 义务教育课程标准实验教科书：英语 七年级. 上海：上海教育出版社，2008.

[6] 陈艳婷. 巧用生活资源，活化英语课堂教学. 中小学外语教学，2012 (4).

[7] 钟启泉，崔允漷. 新课程的理念与创新：师范生读本. 北京：高等教育出版社，2003.

快乐学英语

陈雪花

【摘要】本文阐述作者试图在英语教学中通过激发和保持学生对英语学习的兴趣，并将学生的兴趣和知识学习融为一体，以兴趣促进学生有效学习英语，切实让学生在学习过程中成为主动参与建构的学习者，实现英语有效教学。本文结合了高中英语选修8第4单元，源自希腊神话 *Pygmalion*（《皮格马利翁》）的萧伯纳剧作《窈窕淑女》剧本来具体阐述。

【关键词】兴趣　快乐　小组活动　有效

兴趣是促使学习者学习动机的发生，并保持学习积极性最持久的动力。学习者有了兴趣，就会对相关活动表现出积极肯定的情绪。学生学习英语的兴趣也是一样，只有当学生对学习英语产生某种兴趣，才会更主动接近它、探究它，并参与到教学活动中满足自己的需要。一旦需要得到满足后就会产生愉悦的情感，然后在这种学习情感的推动下，开始新的探究，从而使学习兴趣持续发展。

一、教学活动设计

在英语教学过程中，如何激发和保持学生对英语学习的兴趣，并将学生的兴趣和知识学习融为一体，是教师们不断探讨的问题。我们可以从各种角度、方式来促进学生的学习兴趣。不断变换教学形式，使学生在快乐中学习就是其中一种有效的方式。在英语课堂上教师讲解、课后学生死记硬背的学习过程肯定是无比乏味的，学生的学习兴趣肯定会被消磨。而生动活泼的教学形式可以让教学过程熠熠生辉。教师可以根据教材，创设多种能激发学生学习兴趣的教学活动，以提高英语课堂教学效果，让学生在快乐中学习，让兴趣与英语学习如影随形。

因此，笔者在高中英语选修8第4单元的源自希腊神话*Pygmalion*（《皮格马利翁》）的萧伯纳剧作《窈窕淑女》剧本阅读课教学设计中，通过引导学生理解该剧本的故事梗概和剧中主要人物的性格特点，培养学生阅读并欣赏英文剧本的兴趣和能力，并理解心理学上的“皮格马利翁效应”。鼓励学生要勇于改变自我，不能满足于现状，充分挖掘自己的潜力。教学活动设计如下：

Step Ⅰ　Warming up

Show some pictures and introduce the playwright and the play.

Step Ⅱ　Reading

Task 1　Fast reading

Find out the information as quickly as possible.

Time	
Place	
Weather	
Main characters	

Task 2　Comprehending

1. Read and choose the best answer.

(1) Why Eliza began to cry? Because ________.

A. she thought Professor Higgins would arrest her

B. the gentleman didn't give her some money

C. Pickering beat and scolded her

D. there was no reason

(2) Professor Higgins believed that he could judge a person by ________.

A. his appearance　　B. his action

C. his conversation　　D. his manners

(3) Eliza greeted to the gentleman in order to ________.

A. ask him to buy some flowers from her

B. talk with him

C. ask him to teach her

D. beg some money from him

2. Suppose you were Professor Higgins. Try to standardize one of Eliza's sentences in terms of grammar, spelling, etc, so that Eliza can use them properly.

Group 1：Come over'ere，cap'in，and buy me flowers off a poor girl.

____

Group 2：I ain't done nothing wrong by speaking to that gentleman.

____

Group 3：A shop assistant？Now that's sommat I want，that is！

____

Task 3　Analysis

Fill in the table with suitable adj.

	language	Attitude	Social position (middle/upper/lower)	Character
Higgins (G1)		To E：________ To P：________	________	
Pickering (G2)		To H：________ To E：________	________	
Eliza (G3)		To P：________ To H：________	________	

Step Ⅲ　Post-reading

Task 4　Make a continuation（Group work）

Watch the video of the text and have students make a continuation of the play，and act it out with partners.

Step Ⅳ　Summing up and Assignment

We will improve our English！We will improve ourselves！We will succeed！

二、教学反思

在本课的设计上，笔者采取了听说读写这几个基本步骤，把英语教学法中的四部教学法应用其中，先是让学生课前查找与该课有关的资料，并在课堂上向其他学生做口头汇报，内容包括该剧起源的希腊神话等，作为热身可把其作为本课的背景铺垫，使学生们能更好地理解本课，然后由电影《窈窕淑女》导入，通过泛读和精读来让学生认识剧本的写作特色和阅读方法，理解剧情并体会剧中人物的性格特点，再通过小组讨论的形式理清脉络，辨别复杂的人物关系并深入体会这些有明显阶级特征的人的心理活动，学习欣赏文学大家的文采和风格。

1．本课的亮点

（1）课前引导学生以小组活动的形式查找与本课有关的背景资料，并且由小组推选一名代表向全班做口头汇报，发挥学生学习的主动性和积极性。在学生引入课题后，由浅入深地引导学生进行阅读，其主要目的在于培养学生根据文章体裁来快速获取信息的能力，并同时授予阅读策略，如根据题材查找信息、利用背景知识进行推测、解决问题等。之后，要求学生根据对剧中人物的理解和剧情发展的趋势来创作本剧的续集，以培养学生处理信息的能力，以及用英语来思考与表述的能力。

（2）互动活动贯穿始终。从一开始的 daily report（小组任务）到阅读策略的训练师生互动，再到后来的续集创作和表演（4 人小组合作），互动活动贯穿了整个教学过程。学生一直是课堂的主角，教师在活动中起到了组织、协调和辅助作用，体现了新课标中以生为本的精神。

（3）学生训练有素。虽然笔者授课的班级是理科普通班，但是该班学生对本课的教学任务表现出高度的配合及高涨的热情。在短时间内让学生阅读并观看影片，由阅读到根据所记录的要点和看过的戏剧，要求学生创作并表演一个新剧，时间较紧，对学生和老师来说都很具挑战性。但是该班学生非常配合且创造性很强，能在有限的时间内完成任务且表演得非常生动、到位。

2．本课的不足

最后学生表演展示的时间不够充裕，只展示了一个小组的表演，若能多展示两个小组，可以更加激发学生的积极性。教学要讲求效益，教师要有时间与效益的观念。要从学生整体利益出发，应考虑到学生整体素养的协调发展，每一个活动都具有明确的目的指向和具体的操作要求，即在有限的时间内，让学生获得最多的知识和最强的能力，有效地实现预期的教学目标。

打造生动课堂，留住学生的心

潘美君

【摘要】学生是学习的主体，作为老师，如何激发学生学习的兴趣，并帮助学生保持这种求知的兴趣尤其重要，“真光课堂”能很好地实现这一点，它让学生在“自动、自发、自信、自疑、自探、自悟、自励、自得”中得到发展，凸显“切问近思，自能发展”的理念，为学生打造一个生动的课堂，以此方式来留住学生的心。

【关键词】主体　真光课堂　发展　理念

自古以来，中国就有“苦学”和“乐学”两种对立的教学观念。但是，强调苦学却一直被誉为我国优良的从学传统。唐朝诗人李商隐在《咏怀寄秘阁旧僚二十六韵》中说：“悬头曾苦学，折臂反成医。”宋朝诗人苏轼在《留别叔通元弼坦夫》诗中云：“有如袁伯业，苦学到衰老。”现代文豪巴金在《沉落》中写道：“苦学能够战胜一切，学问的宫殿不分贫富都可以进去。”可见，学习要取得较好的效果，是离不开这个“苦”的。“书山有路勤为径，学海无涯苦作舟。”这幅劝学对联，凝聚了一代又一代读书人的学习体会。

“苦学”要求学生像古人那样废寝忘食，刻苦用功，这种精神也许值得提倡，但苦学的境界是比较低的。笔者认为，学习的最高境界应该是“乐学”。早在两千多年前，孔子就提出了“知之者不如好之者，好之者不如乐之者”的主张，强调了“乐学”的重要。苏联著名教育家苏霍姆林斯基也曾说过：“所有智力方面的工作都依赖于兴趣。”现代心理学研究也一再表明，学习兴趣构成学习动机的种种最现实、最活跃的成分。诚然，一个人只要对所学的东西明确了学习目的，产生了浓厚的兴趣，将会迸发出不可遏止的学习热情。他不但不感到学习苦，反而会在学习中产生无穷的乐趣。如何激发学生的学习兴趣？关键是打造生动课堂，主要措施有以下三个方面。

一是树立“切问近思，自能发展”的教学理念。学习的主体是学生，“真光课堂”的发展目标是“自动、自发、自信、自疑、自探、自悟、自励、自得”，凸显“切问近思，自能发展”，充分地突出了学生在学习中的主体地位。因此，教师必须要以此教育理念武装头脑，以发展和提升自身的教学能力为着力点，落实课堂教学的实与活、多与少的辩证法要求，努力营造一种富于生命与活力的课堂教学氛围，把知识的获得与人格的完善有机结合起来，少教多学，减负增效，激发学生的学习兴趣，发掘他们的潜能，树立他们的自信心，让他们在“问”与“思”中主动发展、互动发展、差异发展、全面发展。

二是落实“自主合作探究”的教学模式。“自主学习”是新课程的理念，也是素质教育的具体表现。在中国，目前有不少高中正在采用自主合作探究的课堂教学模式，比如，山东杜郎口中学“10+35”的模式是教师用10分钟分配学习任务并予以点拨引导，学生用35分钟“自学+合作+探究”。杜郎口模式呈现出三个特点，即立体式、大容量、快节奏。杜郎口课堂在结构上有三大模块，即预习、展示、反馈。杜郎口的课堂展示模块突出六个环节，即预习交流、明确目标、分组合作、展示提升、穿插巩固、达标测评。又如，我们“真光课堂”的“5+20+2”的教学模式。这里特别强调教师上课连续讲课不能超过5分钟，整节课讲课不能超过20分钟，为了使学生更好地掌握巩固新知识，每节课必须留2分钟进行课堂测评，把时间还给学生就等于把学习的主动权还给学生，这样能极大地调动学生的学习兴趣，真正做到让他们“乐学”而非“苦学”。再如，安徽铜陵铜都双语学校的“五环大课堂”，即“自学指导”“互动策略”“展示方案”三大课堂核心元素的设计，将自主、合作、探究的课改理念化为高效课堂的实际生产力；自研课、展示课、训练课、培辅课、反思课五种课型架构成“五环大课堂”。“三模五环六度”模式在操作上，“结构”和“方法”是两大原点。“三模”是指“定向导学、互动展示、当堂反馈”三大导学模块；“五环”是指导流程中要经历“自研自探—合作探究—展示提升—质疑评价—总结归纳”五大环节；“六度”是要求教师导学设计及课堂操作过程中要重视学习目标的准确度、自学指导的明晰度、合作学习的有效度、展示提升的精彩度、拓展延伸的合适度、当堂反馈的有效度。这些模式能很好体现学生学习的主体地位，让学生动起来，让课堂活起来，让效果好起来。

三是深挖“生活与思考”的学科魅力。打造一个生动的中学政治课堂，我们在实现学生自主学习的教学模式的同时，必须深入挖掘学科知识本身的魅力，在课堂教学中对学科知识进行解读，使教学的内容能够适应学生求知和理解的需要，并激发他们思考和探究的愿望，这应该是实现“乐学”最根本和最有效的途径。

思想政治的魅力首先在于生活。高中思想政治课程的四本必修书“经济”“政治”“文化”“哲学”都会加上“生活”这个词。不难看出，“生活”是政治学科教学的生命力所在。我们必须在教学中把教科书中枯燥的知识理论与学生活生生的现实生活结合起来。这也是政治教学最根本的原则——理论联系实际。经过大学专业学习然后成为政治教师，只要用心钻研课程标准和教科书，一般来说，把握教科书的知识理论体系应该就没有问题。但是，只是把握知识理论体系未免显得过于寡淡无味。唯有结合生活，创设生活情景，在现实生活中为每个理论知识点找到合适的材料，才可以激发学生的探索和思考兴趣，这可能会是伴随老师一生的积累过程。

理论是灰色的，生活之树常青。我们必须学会从学生最熟悉的现实生活中汲取课堂教学的营养，从人类浩瀚的知识海洋中拓展课堂教学的视野，为学生打开一扇扇明亮的窗户，让他们可以感受、体验一个真实的丰富的无限精彩的世界，激起他们的好奇心和探究乐趣，引发他们深入的思考，唤醒他们内心成长的渴望。许多经验丰富的政治教师，往往都能够在这个方面信手拈来，让学生沉浸在政治课堂的氛围里，快乐轻松地获得许多知识，领悟许多道理，并赢得高考的漂亮成绩。学生经过高考之后，他们还会为这样的政治课堂而回味不已。只有把握好“生活”这个词，才可以营造轻松快乐的政治课堂。

其次，无论是“经济生活”“政治生活”“文化生活”“生活与哲学”都统称为“政治”，准确地说叫“思想政治”。这里的“思想”二字往往被我们忽略，在我们的学校和班级的课程表上，就常常只有“政治”这个课程名字。这个被忽略的词语——“思想”，恰恰就是政治学科的核心和灵魂，是政治学科与其他学科相比所具有的最大特色。

知识可能会过时，方法可能有局限，只有思想才具有穿越时空的永恒魅力。我们的政治教学可以帮助学生获得分数，可以帮助学生理解知识，可以帮助学生掌握方法，这些都不是政治学科教学的最高追求。只有改变学生的思想，塑造学生的世界观、人生观、价值观，才会影响和改变学生的一生。

如果学生只有被迫地、强制地学习，再简单的内容也成为学习的负担；如果教师被机械地灌输和检查所束缚，职业的倦怠始终会困扰他们的心灵。怎样才能卸下他们身上的沉重包袱呢？唯一的途径就是来自思想。“亲其师才能信其道”，当学生的内心深处、灵魂深处，接受了你的思想、你的观念，一切的纪律、强制、检查、督促，所有外在的强制力量都变成多余，学生学得很轻松、很快乐，教师教学的过程也变成很轻松、很快乐的过程。

思想是政治课堂的灵魂。作为政治教师，笔者常常想，我们的政治课堂能不能在学生心灵深处激起思想的浪花，并让学生在这种思维的涌动中感受到生命的高度和精彩呢？我们坚信，当一位普通的政治教师，每节课都能与学生产生思想的碰撞，进而产生思维的火花时，这位教师一定是优秀的教师。帕斯卡尔说：“人的全部的尊严就在于思想。”这应该成为我们每位政治教师站在课堂上时刻铭记和实践的箴言。

记得上学期期中考试，9 班的政治没有考好，学生总体成绩不是很好，但是后来学生的学习兴趣被慢慢激发起来，越来越多的学生主动完成作业，自觉核对答案，有问题主动看书，问同学，或到办公室来问我。“乐学”一定是学生自己自觉主动地学习，而当学生逐渐有了学习的兴趣之后，这种学习的效率和效果肯定会逐步提升。我们坚信他们在以后的考试中一定会取得越来越满意的成绩。

再次借用苏霍姆林斯基的那句话：“所有智力方面的工作都依赖于兴趣。”在高一的教学中，教师要充分调动学生的学习兴趣，保护学生学习的积极性，关键在于为学生创设一个生动的课堂，只有这样方能留住学生的心。在 21 世纪之初，能投身于这样一次具有挑战性的教育改革大潮，可以说是一种机遇、一种幸运，更是一种挑战，让我们共同为祖国的教育事业发挥自己的光与热吧！

参考文献

[1] 严育洪．这样教书不累人．北京：教育科学出版社，2009.

[2] 苏霍姆林斯基．给教师的一百条建议．周蕖，王义高，等译．天津：天津人民出版社，1981.

翻转课堂：范式转变与颠覆性创新

贺　洵

【摘要】互联网和信息技术的发展，给传统的学校教育和课堂教学带来了巨大的变革。2007 年在美国兴起的翻转课堂热潮，得到了我国基础教育界的初步回应。翻转课堂使课堂教学范式转变，逐步实现从以教师为中心向以学生为中心，从面向结果向面向过程转变，是自现代学校诞生以来对课堂教学模式的颠覆性创新，其影响既深且远。

【关键词】翻转课堂　范式转变　颠覆性创新

2013 年 9 月华东师范大学慕课中心成立，并组建了 C20 慕课联盟（包括高中、初中、小学盟校），其中 C20 高中盟校由上海华东师大二附中、东北师大附中、清华大学附中、辽宁省实验中学、广东中山纪念中学、上海交大附中、成都七中、湖南长郡中学等 20 余所国内著名高中组成，旨在推动大规模开发微视频课程，促进翻转课堂的实施。

2014 年 1 月华东师大慕课中心、华东师大考试研究院与 C20 慕课联盟共同发起组织了首届全国中小学"翻转课堂"微视频大赛，探索基于信息技术的翻转课堂教学模式，创新人才培养模式。翻转课堂激发的热潮引起国内教育界特别是基础教育界极大的兴趣。

翻转课堂又称反转课堂，2007 年春由美国科罗拉多州林地公园高中化学教师乔纳森·伯尔曼和亚伦·萨姆斯首创，他们使用录屏软件录制教学演示视频，再使用软件同步讲课声音，将录制好的教学视频上传到共享网络，供学生在家观看视频自学，而在课堂上教师要求学生完成与教学视频匹配的作业，根据学生完成作业的情况释疑解惑，对学习困难的少数学生进行针对性的个别指导。这种颠覆传统的教学模式给人耳目一新之感，极大地吸引了学生的兴趣，受到了学生的普遍欢迎，引起教育工作者的高度关注。2011 年翻转课堂被加拿大《环球邮报》

评为影响课堂教学的重大技术变革。2012 年 6 月美国教育咨询公司“课堂视窗”发布的一项调查报告揭示了翻转课堂的应用价值，报告显示：88% 的受访教师表示翻转课堂提高了他们的职业满意度；67% 的受访教师表示学生标准化考试成绩得到提高；80% 的受访教师声称他们的学生的学习态度得到改善；99% 的受访教师表示下一年将继续采用翻转课堂模式。

2008 年始我国教育界对翻转课堂的关注、研究与国际上基本同步［见表 1：2008—2014 发表的翻转课堂研究论文（篇）］。

表 1

年份	2008	2009	2010	2011	2012	2013	2014
英文文献	5 510	6 750	8 140	9 350	10 300	10 100	3 720
中文文献	1 490	1 530	1 790	1 630	1 400	1 940	1 250

（数据来自 Google 学术搜索，统计截至 2014 年 2 月 1 日）

近年来，随着新课程的实施和教改的深入，我国一些师资力量薄弱的农村学校和生源质量较差的城镇中学尝试“先学后教模式”（上海杨思中学）、“三三六教学模式”（山东杜郎口中学）、“二七一高效课堂模式”（山东乐昌二中）等创新课堂教学。这些模式虽已具备翻转课堂重视自主学习的特征，但还没有采用翻转课堂最典型的教学视频和在线学习系统，而是采用学案引导的方式组织课堂教学（见表 2：翻转课堂的初步实践：强调自主学习的教改探索三种课堂教学模式的比较）。

表 2

学校	杜郎口中学	杨思中学	泗阳中学
基本模式	预习—展示—反馈	学—教—练	定向—探究—练习
变式	1. “预习课”教学流程：预习目标—疑难反馈—内容分析—灵感放飞—展示设想 2. “展示课”教学流程：预习交流—确定目标—分工合作—展示提升—穿插巩固—达标测评	1. 多循环教学流程：分散学—分散教—分散练或者分散学—分散教—集中练 2. 大循环教学流程：1 课时学—1 课时教—1 课时练	1. 定标—欣赏—训练 2. 目标导示—自主学习—问题探究—反馈矫正

2007 年印裔美籍人萨尔曼·可汗创立非营利教育组织可汗学院，哈佛大学、耶鲁大学等许多欧美名校的教师利用电子黑板系统录制教学视频，通过网络传输每段时长约 10 分钟的课程视频，由易到难，顺序渐进，供学生在线学习，2009 年可汗学院获微软和谷歌资助，迅速发展，引发全球网络公开课热潮。

受此启发，重庆江津聚奎中学和福建晋江南湾中学从 2009 年起开始尝试引入电子书包和视频学习系统（聚奎中学是建立全国首个云端教学运用的中学校园，包括翻转课堂教学平台、聚奎云教育平台、课程视频点播平台、微校园平台等），教师通过专用设备录制课程微视频，指导学生课前观看视频学习知识，课上训练巩固内化知识。聚奎中学和南湾中学的做法已十分接近翻转课堂，一定程度上颠覆了传统课堂，重新定位了师生角色（见图 1：翻转课堂是对传统教学模式的颠覆）。

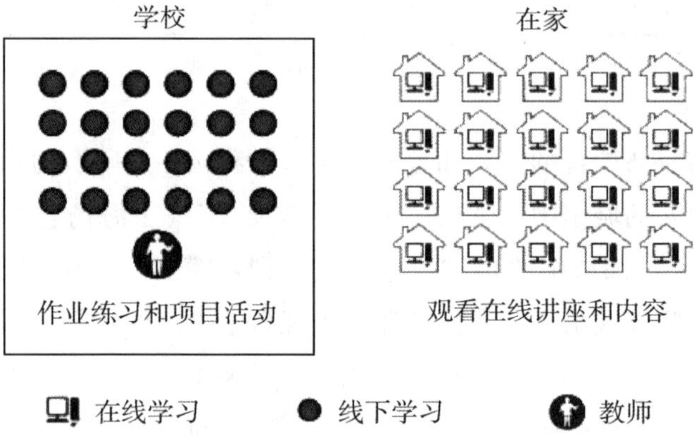

图 1

翻转课堂无疑是工业革命所塑造的现代学校课堂教学的范式转变。科学哲学家托马斯·库恩在《科学革命的结构》一书中提出了范式这一概念，为当代的科学研究建立了一个公设的讨论基础，用来描述在科学研究领域一种理论在根本假设上的改变。后来亦应用于其他各种学科研究和实践方面的巨大转变。颠覆性创新理论是哈佛大学商学院商业管理教授克莱顿·克里斯坦森提出的理论。在公司发展范畴内，颠覆性创新指不断以价廉、简单和方便的产品或服务满足要求不高的客户的需求。

从传统课堂到翻转课堂的转变无疑既符合库恩范式转变的定义，也符合克里斯坦森颠覆性创新的特点。从教的角度来说，翻转课堂翻转的是教学理念，从先教后学转变为先学后教，以学定教；从学的角度来说，翻转课堂翻转了学习理念，传统学习有时空的限制，翻转课堂在信息技术支持下，打破了学习的时空界限，让学生在自主学习的过程中，选择适合自己的最佳学习方式，以提高学习效率；从课堂组织形式来说，翻转课堂改变了传统课堂的教学组织形式，学生成为学习的主角，教师主导身份被解构，学生通过课前自主预习，课后自我复习，使课堂成为查漏补缺、自我巩固的环节，教师扮演答疑者、引导者、评价者的角色；从教学流程来说，翻转课堂改变了传统教学流程和教学手段。传统课堂流程是“课堂信息传递、课后消化吸收”，而翻转课堂是“课前信息传递、课中消化吸收、课后验收评价”。翻转课堂的诸多特点还有待教育实践的总结和确证（如图 2：翻转课堂教学模式教学设计理念）。

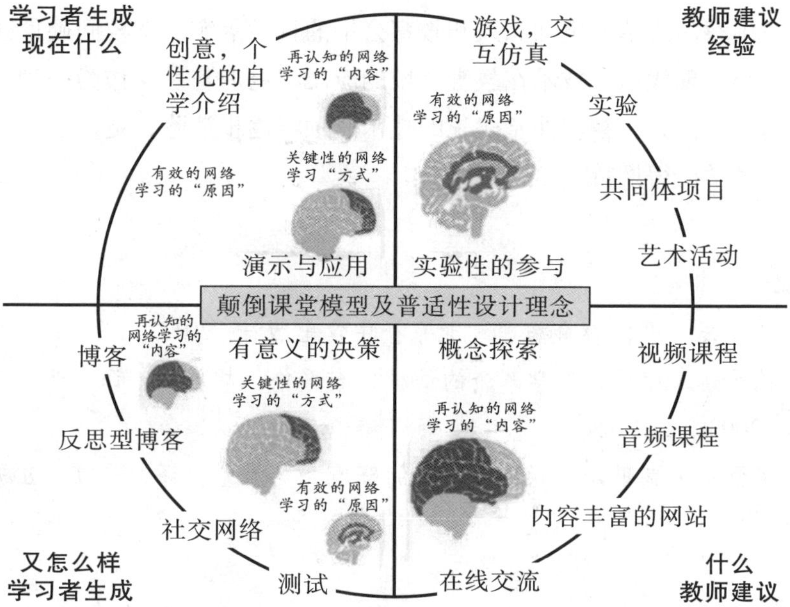

图 2

随着国内教育界对翻转课堂的研究和实践的不断增多，美国大学、中学一些颇具特色的翻转课堂典型范式得到了认可和推广，如：

（1）把观看在线教学视频作为家庭作业，把本该是家庭作业的习题训练放到课堂上完成。课堂上除了练习外，根据学科要求还可以引入一些探究活动和实验任务。

（2）教师开发高质量的教学视频和相关课堂练习，要求学生课前自主观看教学视频学习，通过课堂练习系统快速捕捉学生的知识疑难点和盲点，教师在课堂上及时进行讲解和指导。

（3）教师采用数字化互动教材。教材内容包括文本、图片、3D 动画和视频等，整合笔记、交流与分享功能，吸引学生兴趣。

（4）学生在课前，通过看视频、听播音、阅读文章或调动自己原有知识思考教师预留的问题，要求学生归纳所学到的知识、提出问题和组织答案。并把不懂的问题提交 SNS 群组，供学生学习小组讨论和教师参考，教师根据学生预留的问题有针对性地开发教学案和课堂训练试题。在课堂上，教师尝试采用苏格拉底“助产术式”的教学方法，学生与教师交叉质疑、辩难，并通过小组协作共同回答质疑或解决难题。

（5）设计在线播放的教学视频约每 10 分钟弹出一个小测验，以检验学生掌握的情况，允许学生在线交流和向同伴或教师提问。

随着我国教学改革的更加深入和教育公平的日益落实，学校间硬件建设的差别将逐步缩小，现代信息技术在教育领域的应用将更加普及，作为一种基于信息技术的创新教学模式，翻转课堂实施的技术瓶颈将逐步消除，更多学校和教师尝试翻转课堂教学值得期待。

参考文献

［1］郑也夫．吾国教育病理．北京：中信出版社，2013.

［2］托马斯·库恩．科学革命的结构．金吾伦，胡新和，译．北京：北京大学出版社，2003.

［3］克雷顿·克里斯坦森．创新者的窘境．吴潜龙，译．南京：江苏人民出版社，2001.

新课标下政治教学中落实情感态度价值观目标的初探

罗海燕

【摘要】不管是东方还是西方都共同追求智与德、德与行的和谐统一，虽然在文化、社会背景上存在着一定的差异，但这两种教育思想殊途同归。反观中国目前的教育，普遍存在“教”有余而“育”不足的现象。长期以来的教学都是以传授知识为主，忽视对学生的德性、价值观的教育。新课程中“三维”目标的提出试图改变这一现状，将知识、能力与情感态度价值观目标三者有机结合，真正实现以育人为目的，而怎样才能在保证知识传授的前提下真正关注、落实情感态度价值观的目标，正是本文探讨的主题。

【关键词】德性　情感态度　价值观

古希腊哲人崇尚理性智慧，追求理性人格，苏格拉底认为“美德即知识”，据此探寻知（智）性与德性的统一。中国古代哲人崇尚伦理智慧，追求德性人格，据此探寻德性与知（智）的统一，两种看似不同的价值取向和实践路径，实则是异曲同工、殊途同归。不管是东方还是西方都共同追求智与德、德与行的和谐统一。今日重温两种教育思想，探寻如何在实现“智”的过程中得到“善”，对我们思考教育目的和培养目标，具有重要的启示意义。

我国目前学校的政治课普遍具有强制性、说教式、唯知识论的特征，因而长期以来都缺乏吸引力和实效性。在某项调查的数据显示学生最喜欢的课程中，政治课排在第10位（共14门课），在最不喜欢的课程中排在第3位，有近1/10的初中学生将政治课列为最不喜欢的课程。

为什么会出现上述现象呢？究其原因：第一，中国教育界的一个普遍现象是将教育手段（读书）当成教育的目标（育人），中国当前的教育实际上已经颠倒了教育的本末——培养人的德性和学习知识的关系。中国自有文明始，培育人的德性始终是教育的根本，这造就了中华文化的强盛繁荣，直到新中国成立后，仍在提倡“德智体美劳全面发展，德育为首”。而我们当前的教育则是将教育的末——学习知识当成了教育的本——德性的培养，所以造成了今天教育界的唯分数论、唯升学率论的状况。第二，传统的政治课对学生思想与生活缺乏实际关注和更实在的帮助，往往过分强调知识传递，内容枯燥抽象，教学方式单调，只是简单地将书本的价值观念灌输给学生，而无法激发学生的学习动力和兴趣，甚至使学生产生抵触情绪。因此，在政治课堂中如何避免“大而空”的道德说教，许多老师在不断地探索学科教学新方法与新模式，在课堂教学中对情感态度价值观的关注也日趋凸显。笔者认为，重视对学生情感态度价值观的引导和培养，不仅是社会主义教育事业发展的趋势，也符合整个社会对下一代的期望。

在新课程改革提出的“三维”目标中，情感态度价值观是各学科非常重视的一种教学目标维度。实际上教育的过程是一个以学生的内心体验为基础的认知过程和情感过程的统一，双方的有机结合最终形成了学生全程参与、内心体验、形成态度、构建价值观的教育全过程。所以，在政治学科的教学中对情感态度与价值观的教育就成为教学中的重中之重，它的成功与否与学生良好品德、健全人格的形成即学生的健康成长有着极为重要的密切关系，可以这样认为，它就是教学创新方面最富于挑战的环节，也是素质教育能否落到实处的最终着眼点。下面笔者就政治教学中如何落实情感态度价值观目标谈几点看法。

一、正确处理知识能力目标与情感态度价值观目标的关系

传统课堂教学非常强调“双基”目标，即基础知识、基本技能的传授；新课程对课堂教学提出的是知识、能力、情感态度与价值观“三维”目标。在实际处理三维目标的过程中，主要有两种倾向需要克服：一是片面追求课堂形式的新颖、活泼，注重了情感态度价值观的培养，而忽视了“双基”的落实，在中国仍以高考作为选拔人才的主要手段，所以这种教学方式是不可行的；二是受传统教学思想和教学习惯的影响，求稳、求实，过分注重“双基”的落实，而忽视其他两个目标，从而使政治课堂成为道德说教的舞台，扼杀了学生学习的积极性。

正确处理三者之间的关系是能否落实情感态度价值观目标的关键。只有知识、能力、情感态度价值观三者之间相辅相成、共同作用，才能支撑起人的智慧和素养。情感、态度、价值观并非可以独立传授的，只有与知识、能力融为一体

才有生命力。所以，《基础教育课程改革纲要》中指出：“改变课程过于注重知识传授的倾向，强调形成积极主动的学习态度，使获得基础知识和基本技能的过程同时成为学会学习和形成正确价值观的过程。”在三维目标中，知识具有奠基性作用，能力是内化了的知识的综合体现，而情感态度价值观则是活化了的知识的积淀和升华。我们教育的最终目的是“育人”，而知识的传授只是达到这一目的的手段。

二、创设情景和组织小组探究活动

传统的教学模式在实现知识能力目标上有自己的优势，但往往是以牺牲学生的学习主体性和忽视情感态度价值观教育为代价的。如果仅靠一些简单的理论说教，而不是通过真实、具体的实例分析，不但不能使学生心悦诚服，从情感上真正接受，反而会使学生觉得书上是一套，而实际生活又是一套，从而失去了政治课本身的现实意义。笔者认为要真正落实情感态度价值观目标，应在教学方式上有所改变，创设情景和小组探究方式是比较有效的教学方法。教师要引导学生进入教学过程，更主动地参与教学过程，发挥主体性，向教师学习，自主学习。

例如，九年级“学会合理消费”这一节，如果按照传统的说教式的教学方式，直接用课本上的观点告诉学生应该或不应该选择怎样的消费方式、消费观念，那么结果可能适得其反。因为在没有情感体验并进行理性分析的基础上，学生很难形成正确的价值评判，促成情感体验的升华，确立鲜明的情感态度。但假如在教学过程中我们能借助课本提供给我们的资源或从学生的生活实际中创设出四个情景，分别对应课木所提到的各种错误的消费心理，然后以小组合作探究的方式，鼓励学生主动参与教学，积极引导学生从自己身边的消费现象入手，亲身体验、分析、评价这些消费心理，然后逐步形成自己的价值判断，树立正确的消费观念。这样不仅实现了本课的知识、情感教学目标，又活跃了课堂气氛，调动了学生的积极性和主体性。

需要指出的是，在学生的合作探究活动中，如果没有老师必要的讲授和指导，学生的发言没有得到老师的点拨和评价，那么学生获得的情感态度价值观很难升华到更高层次。在课堂教学中一方面要使学生有一个充分体验内心情感的过程，使学生能独立分析身边的事物，形成自己的价值判断；但另一方面也需要教师对教材中的情感态度价值观进行归纳、升华，帮助学生的情感体验从感性的层面上升到理性的层面，从而形成稳定的、正确的价值观。

三、整合资源、利用多种教学手段

俗话说，“工欲善其事，必先利其器”。为了更好地落实情感态度价值观目标，我们可以借助丰富的教学资源和现代化的教学手段。目前的高中政治教材，除了基本原理之外，每一节都会有围绕教学目标而出现的探究活动。一方面充分体现了新课程的理念，在教学方式上突出学生的主体地位，让学生在活动的过程中获得知识；另一方面有助于减轻教师的备课压力，不需要花太多的时间去寻找教学案例和资源，大部分情况下都可以通过课本提供的探究活动来落实教学知识和能力目标。不过在平时的教学中，笔者发现，如果仅仅利用课本提供的探究活动资源来实现情感态度价值观的目标，还是存在一定的困难。

比如，九年级的“建设社会主义精神文明”一节，课本提供的很多素材都比较陈旧，如介绍一些以革命战争为主题的电影。不可否认这些电影在特定的时代鼓舞了中国一代人，但对于现在 90 后的学生来说，这些电影名他们听都没有听过，所以很难有共鸣。如果用课本这样的素材引导学生理解课本的观点，很可能达不到教学目的。之所以会出现这样的结果，很大程度上是和生活的时代背景、社会环境有关系的。这也提醒教师在落实情感态度价值观的过程中，最好选择与学生的生活实践比较密切或者具时代性、典型性的实例，这样更能激发学生的情感体验。此外，在教学手段上，比起文字和板书，视频和图片等现代化的教学工具更有利于学生进行情感体验。笔者在讲授此节时，利用的案例就是在全国引起广泛讨论的“小悦悦事件”。在进行探究活动前，先让学生在情感上有一个直观的体验：播放小悦悦被车碾过而 18 位路人冷漠对待的视频片段，学生在饱含热泪观看视频的过程中，心灵受到了极大的震撼，甚至有同学在课堂上泪流满面。课堂中就“小悦悦事件”背后深层次的社会原因分小组进行讨论，许多学生在课堂上发表感言，认识到现阶段加强社会主义精神文明建设是必需的。通过这一课的教学，我们发现，政治课其实可以充分利用社会的真实案例来对学生进行情感态度价值观的教育，获得的教学效果可能更好一些。

四、鼓励和组织学生从课堂走向生活

知识源于生活，也要回归于生活。政治课的教学必须要“贴近生活、贴近实际、贴近学生”。教师在教学过程中，既要紧紧抓住“生活”这一主题，让生活走进课堂，又要把课堂引向生活。前面笔者已经提到教师在实现教学的情感目标时应尽量选择与学生生活密切相关的案例，鼓励学生用自己的眼睛去观察，用自己的头脑去判断，用自己的心灵去体验。教师在列举事例的过程中要引导学生正视现实、明辨是非、扬善抑恶。将生活引入课堂仅仅是政治教学的一个方面，另一方面还要求教师将教学回归生活。在适当的情况下，组织学生走出学校，到社会中去观察、搜集素材，到活生生的生活实际中去获得知识的源泉，用自己内心去感悟生活。九年级“承担对社会的责任”一节，笔者和学校的另一名教师就曾发动学生利用暑假的最后几天时间去参加一次有意义的公益活动，并要求学生根据自己的亲身经历写一篇活动感想，并在全班进行交流。最后从学生完成的情况来看，这种方式比单纯的课堂教学模式要有效得多。学生在亲历社会实践的过程中，不仅体验到了“学有所用”的快乐，还学会了与人交往、合作，培养了社会责任感，并且产生了良好的情感体验，进一步落实了本课的情感态度价值观目标。

总之，政治课要彻底改变这种“课堂等于教室，学习仅仅限于书本”的观念，要把动态的社会、变化的社会引入课堂中来；又要把问题延伸到课外，把教学的空间拓展到社会生活领域，可以说，这既是政治课不同于其他学科的显著特点，也是它的独特魅力所在。

五、育人先育己

德国教育家第斯多惠说过：“教育者的一个规则就是：要把自己在广泛的意义上培养好，那时你就必然能成为一个真正意义上的教育者，当你致力于教育别人时，不论是在教育活动的范围以内，或是在它的范围以外。同时要努力于自我教育。”以上都是从教学方式和教学观念上来谈如何实现情感态度价值观的目标，最后我们来谈谈教师的个人品德对情感目标实现有何影响。自汶川大地震中的“范跑跑事件”发生以来，社会上对教师的师德问题进行了广泛而热烈的讨论，如何进一步规范师德被提上了日程。育人先育己，为人师表，以身作则，用道德榜样和人格魅力感召学生。身正为范，教师自身的道德行为，对于与自己朝夕相处且模仿性很强的学生，时刻起着耳濡目染、潜移默化的作用。如果说连教师本人都没有正确的价值观、坚定的人生信仰和崇高的生活目标，那么谈何能对学生的人生观、价值观、世界观产生积极的影响呢？古语云：“其身正，不令而行；其身不正，虽令不从。”教师个人的品德实际上对于学生良好品德的培养、正确价值观的树立本身就是一种无形的力量，这比任何的道德或理论说教都更具说服力和感染力。可以说，做一名优秀的政治课教师除了要有过硬的基本功之外，还应具有自己的人格魅力，否则在学生眼里就会沦为伪善的道德卫道士。

总而言之，政治新课程把学生“情感、态度与价值观”的养成提到了一个前所未有的高度，科学的课程目标应该培养学生科学的价值观，并在此引领下造福于国家、社会、自己。政治教师的职责就是协调好知识能力目标和情感态度价值观目标的关系，以传递知识为手段，真正落实育人的目的。

参考文献

[1] 朱慕菊主编，教育部基础教育司组织编写．走进新课程：与课程实施者对话．北京：北京师范大学出版社，2002.

[2] 中华人民共和国教育部．基础教育课程改革纲要．中国青年报，2001－07－27.

让学生成为学习的主人

卢志芳

【摘要】叶圣陶先生说“教是为了不教”。本文试图通过高三历史复习的一些做法来探讨如何让学生成为学习的主人，从而达到“教是为了不教”的最高境界，走近最理想的教育。

【关键词】自主学习　合作学习　探究学习

著名教育家叶圣陶先生曾经说过“教是为了不教”，这是学校教育的至高境界。可是，怎样才能达到这样的境界呢？笔者认为，只有真正地转变教学方式和学习方式，在教学活动中做到师生平等，使课堂属于学生，才能进行高效率的学习，才能走近最理想的教育。

苏霍姆林斯基说过一句这样的话：“请你毫不犹豫地在每一节课上尽量留出时间让学生掌握新教材吧！这些时间会得到百倍的补偿。”魏书生老师也曾经说过：“学校是学习的场所，教室是学习的房间，教材是学习的材料，课堂 40 分钟便应以学为主，课堂也应称为学堂。笔者认为，教师的作用便是指导各类学生充分利用好 40 分钟，40 分钟要积极、主动、高效地学起来。衡量课上成功与否的标准，不在于教师讲了多少，而在于学生学到了多少；不在于教师讲得生动、形象、风趣幽默与否，而在于学生学得积极主动、快乐、高效与否。”在课堂上，学生才是学习的主体，教师只是学习的组织者、引导者、合作者，因此，我们必须努力做到把课堂还给学生，倡导自主学习、合作学习、探究学习的学习方式。那在高中历史教学中如何培养学生的自主、合作、探究的学习习惯呢？笔者将结合我们历史一轮复习的做法和教学实践谈几点粗浅的看法。

一、课前预习，自主学习

在每堂课复习教学前，布置学生根据课本完成学案，达到先预习的目的。课文中有哪些地方自己能读懂，有哪些地方不理解，把问题记录下来，并通过各种渠道搜集资料。学生通过主动的预习，对课文有了初步的了解，为课堂上的学习做好充分的准备。

复习课的第一课时目的是完成基础知识的掌握情况，老师检查学生的预习情况，具体做法是由 3 ~4 人上黑板默写，其余同学在自己的默写本上默写，然后学生互评，对认真做好预习的学生给予表扬、鼓励，以此激发学生的自主学习积极性。

复习课的第二课时目的是巩固提高。老师可以将本课的重难点列出来，让学生根据课本、学案或复习资料自己解决。重要操作点是将学案的材料解析题通过学生板书、互评，发现问题，解决问题，以达到检测的目的。

二、创设情境，小组合作学习

合作学习是指学生在小组或团队中为了完成共同的任务，有明确的责任分工的互助性学习。在合作学习中由于有学习者的积极参与，使教学过程远远不只是一个认知的过程，同时还是一个交往的过程。

为了促进合作学习，要进行合作学习中小组的合理分配。首先，我们对全班学生进行适当的分组。在综合考虑学生的能力、座位等几个方面因素的基础上，设立了 8 个合作小组。小组内设小组长一人，按学习能力分为 1 到 6 号。当然，为使全体成员都能获得锻炼的机会，小组长实行轮换制，过一段时间，学生各方面能力有了一定程度的提高后再互换角色。

为了促进小组之间的竞争意识，我们制定了相应的评价机制。如组内某个同学上黑板板书后，组内其余同学可以进行补充，使历史知识体系更加完善和合理，然后根据评价标准进行打分，记录在案，以一周或一月为限进行统计，评出相应的名次后进行奖励。

在复习课中，这个过程是学生非常喜闻乐见的一种方式，可以让他们在紧张的复习中轻松、愉悦地完成备考任务。

三、深入思考，探究学习

探究学习，是指学生独立地发现问题、获得自主发展的学习方式，是一种模拟性的科学研究活动，它强调教师要创设一个以“学”为中心的智力和社会交往环境，让学生通过探索发现来解决问题。我们要鼓励和帮助学生自己探究问题，探索解决问题的方法，寻找答案；鼓励和帮助学生在探究之中尝试采用不同的方法。这“新知”可以是对所有人都是新的，也可以是对别人并不新，而对自己却是新的。学生通过自己探究获得的答案可能跟已有的答案一致，也可能跟已有的答案不一致。这不一致有可能是学生找到的答案错了，也有可能学生找到的答案是对的，说明这个问题本身的答案不止一个，学生的探究有了新的发现。要时时鼓励学生说出与别人不同的想法，包括与老师不同的想法；要支持学生在现成的答案之外探寻新解的尝试。要培养全体学生的探究意识和探究习惯，让学生在探究学习中体验探究的过程和方法，体验在探究中获得新知和能力的乐趣。

“让学生成为学习的主人”是我们耳熟能详的口号。但是以往我们所看到的课堂是，教师滔滔不绝地讲，恨不能使出浑身解数，学生拘谨、呆板地坐在那里听，一切按照教师设定的思路和程序进行。而按照新课程标准，教师上得轻松，学生学得快乐，教师不再是单纯传授知识，解答疑惑，而是引导学生自己去发现、探究知识，课堂上出现的不是“教”，而是学的场景，是一个师生互动、生生互动、互教互学的生机勃勃的学习场面，学生的学习方式和思维方式发生了质的飞跃。

唯有让学生成为学习的主人，我们才能真正达到叶圣陶先生所说的“教是为了不教”的最高境界，才能走近最理想的教育。

“切问近思，主体发展”教学模式通向素质课堂之途

周罗洁

【摘要】伴随着新课程改革的进一步深化，培养创新精神和实践能力为核心的素质教育成为广大一线教师不断深入探讨的话题。为此，在我校开展中国教育学会“十一五”科研规划课题“‘切问近思，主体发展’教学模式研究”的引领下，笔者尝试在历史课堂运用“切问近思，主体发展”教学模式，通过问题启发，引导学生自主深入挖掘历史本质，进一步探究历史规律，最终形成自己的思维成果，实现主体发展目的。

【关键词】教学模式　切问近思　主体发展

一、“切问近思，主体发展”教学模式的概念

“切问近思”一词源自《论语》“博学而笃志，切问而近思，仁在其中矣”，“切问近思”就是对与切身有关的问题提出疑问并且去思考。现代教学模式完全可以从古语中汲取养分，融入教学实践，展开新一轮教学探索。“切问近思，主体发展”教学模式就是围绕着“以人为本，学生主导”的教育思想，旨在引导学生通过课堂学习、研究性学习和综合探究实践活动，从与自己接近的问题切入，在善于思考、勇于探究中发展自己，从而达到提高课堂教学效率的目的。因此，“切问近思”是手段，“主体发展”是目的。本文尝试从“切问近思，主体发展”教学思想与历史课堂教学结合来谈谈，如何通过“切问近思”将教学内容纳入学生与社会的关系、学生与自我的关系、学生与文化的关系，引导学生在学习书本知识的同时，实现“主体发展”，形成对待生活世界中各种问题的健全的价值观，良好的情感、态度，形成健康、负责任的生活态度。

二、“切问近思，主体发展”教学模式的实践应用

从操作的过程来看，该教学模式划分为五个环节，分别为“问题提出”“问题思考”“问题解决”“问题深化”“问题回归”。针对五大环节在历史课堂的实践应用，分别从以下几个方面来谈谈自己的体会。

（一）“切问”科学，“近思”贴近学生主体

“切问”是在承认学生心理、文化方面有自身特点的基础上，通过设问激活学生已有的生活体验，为教学环节的展开做铺垫。所以，教学设计从研究教学问题入手。

首先，问题设计应符合学生年龄、心理层次和学生的认知水平。通常，概念性、理论性很强的问题对于高中生来说，是无法跨越的知识断层。例如，必修2“中国资本主义的产生”一课的教学中，“中国近代经济结构变动”这一概念非常抽象，很多学生连“经济结构”是什么都没有搞清楚。如果老师一上课，第一句导入就来个“中国近代的经济结构发生了什么样的改变呢”纯粹为导入新课过渡到新知识的学习而问的问题，丝毫无法引起学生的学习兴趣，学生好奇、质疑的精神逐步丧失，势必影响学生的学习效率。因此，在理解难度大的概念面前，教师的教学要有铺垫。选择学生熟悉的情景问题能有效引导学生快速进入自主学习探究的状态。如对“中国近代经济结构的变迁”的学习，我们可以采用学案形式，把小学语文教材中的叶圣陶《粜米》的3个选段印发给学生，组织学生阅读重温，从中了解在西方列强的经济入侵下，近代中国经济状态悄悄地在发生变化。

材料Ⅰ：“糙米五块，谷三块。”米行里的先生有气没力地回答他们。“在六月里，你们不是卖十三块么？……哪里有跌得这样利的！”……各处的米像潮水一般涌来，过几天还要跌呢！……各处地方多的是洋米、洋面，头几批还没吃完，外洋大轮船又有几批运来了。”

材料Ⅱ：旧毡帽朋友今天上镇来，原来有很多的计划的。洋肥皂用完了，须得买十块八块回去。洋火也要带几匣。陈列在橱窗里的花花绿绿的洋布听说只要八分半一尺……一面蛋圆的洋镜，一方雪白的毛巾，或者一顶结得很好看的绒线的小团帽。

材料Ⅲ：有的粜了自己吃的米，卖了可怜的耕牛，或者借了四分钱五分钱的

债缴租……，两角三角地，忍痛缴纳自己的饭钱……有的溜之大吉，悄悄地爬上开往上海的四等车。

其次，设计问题能让学生在认知基础上进行推向知识深层次的思考，生发主动积极的思维。教师通过设计逻辑严谨的问题组，帮助学生由浅入深对理论性强的问题进行探讨。设计问题包括：层层深入梯度型问题、多元选择型问题。

第一种，层层深入梯度型问题。例如，“近代经济结构变迁”的学案教学中，针对三段材料，可设计问题如下：

问题1：根据材料Ⅰ，米价为什么会暴跌？

问题2：结合材料Ⅰ并阅读课文第一段内容，说明洋米、洋面从什么时候对中国造成冲击？为什么会造成冲击？

问题3：材料Ⅱ反映了一个什么现象？为什么会出现这种现象？

问题4：材料Ⅲ“悄悄地爬上开往上海的四等车”说明一个什么问题？

以上4个问题让学生对近代经济现象的变迁有了较形象的认识，再结合课文理论化的表述，从而逐步形成理性的认识，把握住本质。此外，要求学生回答以上问题必须尽量采用学科专业术语，这对强化学生准确表达的科学能力十分有利。分层设问，符合学生的知识基础、生活经验、接受程度、理解能力、学习强度和持续时间。前三个问题从小切口入手，让学生快速阅读素材，感受西方经济入侵对中国的自然经济造成的影响。问题4对学生的能力要求较高，要求学生深入问题，全面考虑了优秀学生的需求。学生的结论往往倾向于西方资本主义的经济入侵对中国的百姓造成沉重的打击。教师可以及时抓住学生的结论创设新问题“西方经济入侵对中国的影响是积极还是消极”来引导学生从西方经济入侵的积极方面考虑，使学生认识得到提升。

第二种，多元选择型问题。开放民主的课堂，关注每一位学生的发展，保持学生求知的愿望，比简单化的传授知识来得更重要。多元选择型问题是在尊重学生发展基础上形成的“切问”教学法。例如，必修1“太平天国运动”教学过程中，关于“天朝田亩制度”和“资政新篇”的比较环节，课程标准中的知识能力要求学生对两个方案的内容和评价有一定了解，从能力目标上看，则要求覆盖分析、对比、评价等学科能力。为此，设计情景问题“假如你是农民，你会选择哪一种方案？请说明你的理由”来引导学生分析两个方案的内容，养成学生“论从史出”的思维习惯和证据意识。

（二）问题深化，内化知识

“切问近思，主体发展”教学模式通过“问题深化”，促使学生形成知识网络体系。建构主义者皮亚杰认为：知识是个体与环境交互作用的过程中逐渐建构的结果。历史学科的本身就是一个结构非常严谨的体系。因此，学生应在教师的引导下完成知识结构自主建构的过程。

第一，授课注重知识的逻辑层级，难点释疑，使之理顺知识框架的内在联系。在新课改开展以来，高中历史教学主要是专题史的学习，跟以往的通史学习明显不同的就是教材的连贯性不够强，章节与章节的联系不明显。在目前贯彻课标的前提下，教师可以挖掘有针对性的教学素材进行补充，或者对必修和选修模块进行整合，又或者是适当的教学内容外延，使知识融会贯通。以材料对教学过程进行补充一般用于重要概念、重难点的释疑方面，比如，英国工业革命的爆发原因，给学生观看《大国崛起》英国篇，使其更全面深入地了解，弥补了教材叙述不充分的缺憾。对于跨度比较大的知识，主要是某一个历史阶段的立体构架，可以利用好选修模块，进行整合，进而提高教学的效率。比如，高考的一轮复习，复习必修1的“西方近代的资产阶级代议制的建立”一单元，可把选修2“近代社会的民主思想与实践”中英国、美国、法国近代史内容纳入其中，形成三个主要教学环节“扫除资本主义发展障碍的斗争”“斗争成果的确立”“资产阶级民主的进一步发展”。适当的知识外延，除了满足学生进一步学的欲望外，更重要的是有助于学生学科能力的提升。从近年高考发展趋势看来，新情景、新问题考法给高中教学不少启示，必须重视学生的学科能力提升，如联系、辨析、对比、迁移等能力。比如，讲述“家天下”、西周分封、宗法制、礼乐制度时，补充西周社会生活习俗的材料，让学生分析理解这些制度在社会生活中渗透的点滴，逐步养成全方位、立体联系地认识某个历史阶段的历史的思维习惯。

第二，自主形成历史的思维导图。思维导图是一种简单又非常有效的笔记，能帮助学生联系记忆和立体思考的工具。要把课堂的知识结构形成落到实处，单一的教学笔记不能反映学生的学习成果。教师通过评价的手段，鼓励引导学生形成自己的思维导图。制定相关评价标准，使之真正可操作。首先，时序准确，基本概念表述准确，主干凸显，逻辑层级准确。其次，提出知识结构的广度、覆盖面的要求，尽量多角度如不同史观看问题，即横向（中外政治、经济、文化、社会）、纵向（古今）。再次，知识深度的达成，包括知识与知识间的联系紧密性、问题分析透彻性、使用专业术语的准确性。教师根据以上评价标准加强思维训练，学生通过自主构建思维导图，实现知识内化，增强立体思维，享受到学习进步的喜悦。

（三）问题回归，扩充价值

问题回归，只有使知识与生活统一，学生最大程度体会学习历史的价值，学习才是生动的、鲜活的、智慧的。因此，所学知识在实践中的应用尤为重要，教师应为学生创造体验成功的平台。

1．开放的辩论

辩论是更主动的学习，而且是一种教人思考的学习。首先，选题应围绕学习的中心，是有争议性、复杂性的话题，如历史人物的评价、斯大林模式的利弊、两种经济运行模式的比较等话题。其次，学生为辩论做准备，必定收集、阅读更多丰富的资料，并对这些资料进行分析整理。教师的作用主要在于引导学生把内容引向深入，对辩论的方向和内容的筛选给予指导。在历史辩论的过程中，学生开动脑筋，分析问题，并在正反方讨论与交流中，让自己的历史知识得到补充，进一步完善自己的知识体系。

2．开展历史研究性学习

开展历史研究性学习，就是使学生在历史教师的指导下，从历史学习和社会现实生活中选择并确定自己感兴趣的专题，通过个人与他人合作的方式从事学习的自主探究模式。近年来，我校各年级都根据学生的实际情况，展开了历史研究性学习，如“校史系列——抗日时期的真光学子”“校史系列——真光百年建筑”“历史剧的创作研究”“口述历史——荔湾文化习俗”等。在开展活动的过程中，学生不但从其他角度深入了解了所学的知识，而且增强了合作能力、协调能力等社会能力。

参考文献

[1] 许春凤．如何创造学生的“最近发展区”．历史教学（中学版），2008（9）．

[2] 俞静娟．比较置疑：历史课堂“问题教学”的策略优化．中学历史教学参考，2012（12）．

[3] 黄牧航．历史教学与学业评价．广州：广东教育出版社，2005．

学习灾害知识，从容面对自然

卢岳飞

【摘要】 课堂学习是灾害知识学习的主阵地，我们需要不断加强对灾害的学习与探究。学习灾害知识，可从课堂教学中加强对灾害学习的投入；可在课外活动中，加强对自然灾害的探究；可在社会生活中，加强灾害地理知识的宣传，从而更加从容地面对自然。

【关键词】 灾害　课堂学习　地理知识

2011 年以来，日本 9.0 级大地震引发海啸和核爆炸、美国密苏里州致命龙卷风、菲律宾“桑达”台风、冰岛火山喷发等都给人类带来了空前的灾难，引起人们的高度关注。痛定思痛，人们在深刻反思：我们对各种灾害了解多少？我国会不会也遇到如此巨大的灾害？灾害能不能避免？要解决这些问题，需要我们不断加强对灾害的学习与探究。在中学地理教学中，笔者认为，教师应将灾害教学当作一种责任和义务，开辟出一块灾害知识宣传和普及的阵地。

一、在课堂教学中，加强对灾害学习的投入

课堂学习是灾害知识学习的主阵地，师生要充分利用课堂进行灾害知识的学习，提高理论水平。可从以下四个方面展开：

1. 明确学习目的

长期以来，我们在进行各种自然灾害知识的教学时，常将其作为案例，用作对地理原理的应用和补充。如讲授必修 1 中的“气旋”原理时，就插入台风知识的学习；讲授“板块构造”原理后，插入地震知识的学习。其实，这种教学方法是本末倒置，我们不能仅让灾害内容围绕地理学基本原理展开，成为原理的附庸。笔者认为，我们应将自然灾害知识的学习作为学习目的，将地理原理的学习还原为教学手段，因为其作用之一就是为解释灾害现象而进行的。如在学习“冷

锋原理与寒潮关系”时，我们应该明白，冷锋原理是为解释寒潮成因服务的。

2. 突出主导地位

按照新课标要求，要培养现代公民必备的地理素养，增强学生的地理学习能力和生存能力。人地关系是地理学科的主线，灾害作为人地关系尖锐对立的一面，应将其纳入地理学科的主渠道之中。新课程的改革理念，已经重视了这个问题。旧课程将自然灾害内容分散于自然地理和区域地理各个章节，而目前的新教材把灾害知识整合成一个独立的“自然灾害与防治”选修5模块。因此，我们在分析教材时，要将分布于自然地理、世界地理、中国地理各处表现出来的灾害内容，作一梳理，整合成灾害学知识体系。改变以前因内容零碎、散乱而处于地理学枝蔓的地位，突出灾害学在地理学中的主干地位。如自然灾害系统可用示意图总结如下：

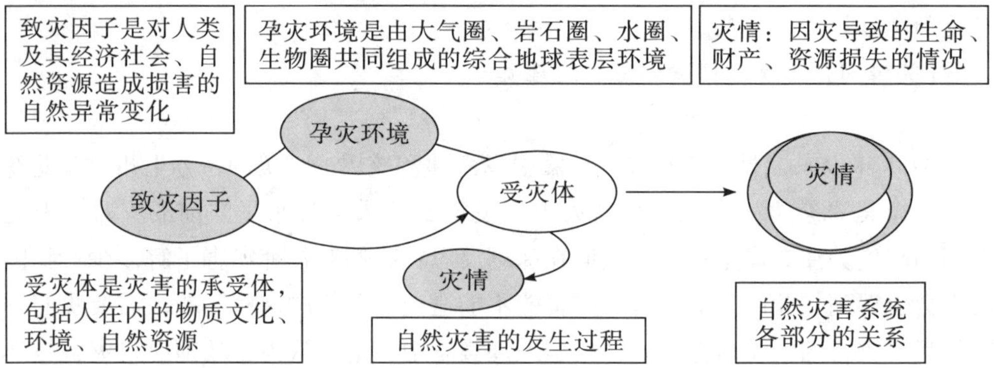

图1

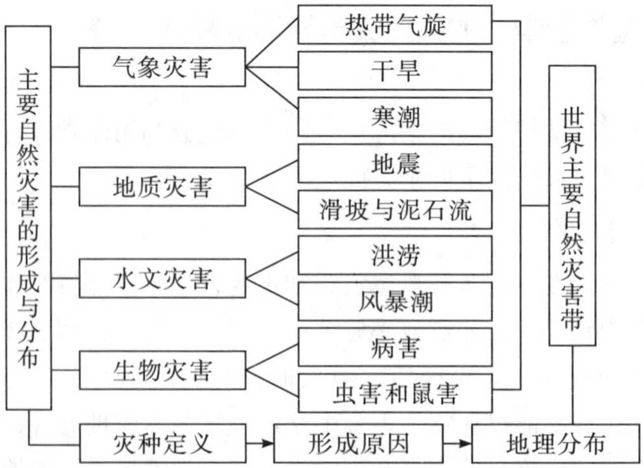

图2

3. 凸显学习重点

新课标要求以某种自然灾害为例，简述其发生的主要原因及其危害。在自然灾害知识的学习中，我们应充分考虑其社会效应和实用价值，学习对生活有用的地理知识。在内容的选择上，重点学习社会高度关注、对生活影响较大的灾害，并应做到三个“凸显”：一是凸显破坏程度高、容易引起人员伤亡、损失异常惨烈的灾害，如地震和海啸等。二是凸显发生频率高的灾害，如洪涝和干旱。我国由于受季风强弱的影响，几乎年年都会遭受南涝北旱或北涝南旱等灾害。2011年长江中下游地区的湖南、湖北、江西、安徽、江苏等省遭受了50年一遇的特大旱灾，三峡水库迅速为下游补水，长江口附近的上海市出现了较为严重的咸潮。三是凸显本地区易发生的灾害，如东南沿海地区的台风。此灾害在广东、福建、台湾、浙江等省区几成家常便饭。如图3、图4所示，分析长江流域水文灾害灾情严重的原因也是我们学习的重点。

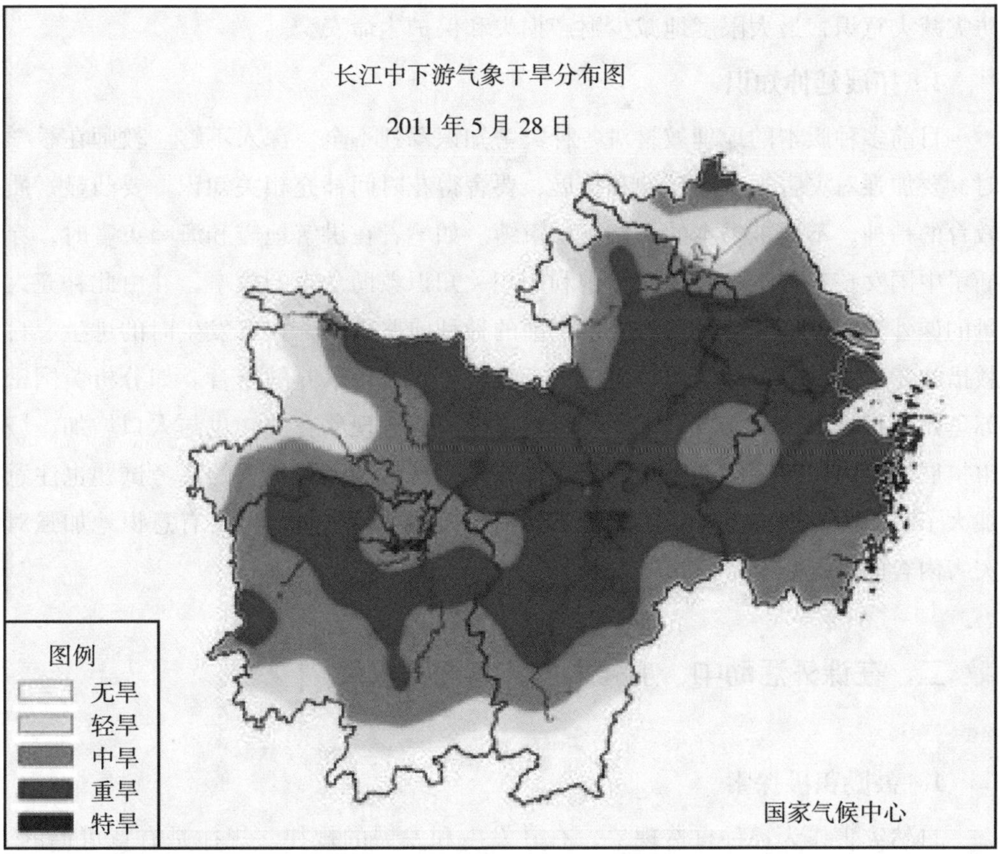

图3

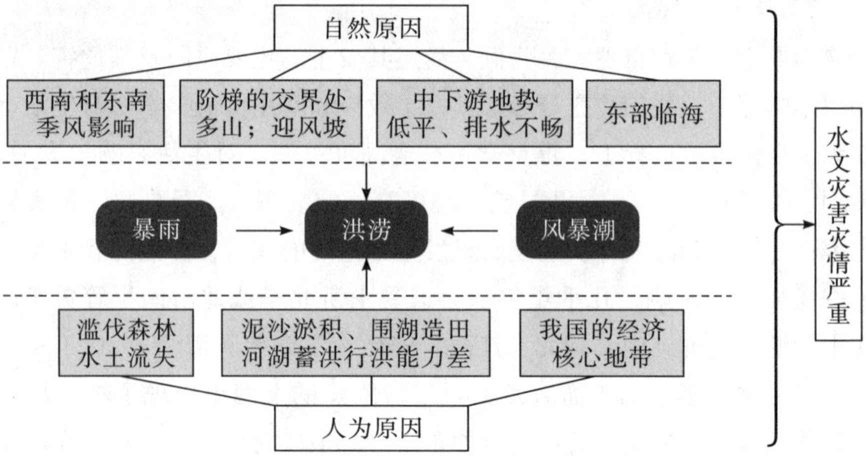

图 4

灾害学习中的重点凸显，能使学生对这些灾害有更深刻的了解，提高他们的防灾减灾意识，最大限度地减少财产损失和保护生命安全。

4. 拓展延伸知识

目前多种版本的地理教材对各种灾害知识罗列不全、深入不够。教师在教学时，要加强对灾害知识的延伸和拓展，要舍得花时间补充相关知识。要凸显素质教育的精神，不要被书本的条条框框束缚。如笔者在讲解地震和海啸灾害时，穿插了中国女孩在日本地震和海啸中利用相关知识救助众人的故事，并由此补充大量的课外知识——如地震和海啸发生前的种种前兆表现，灾害发生时的逃生、自救措施等。这种知识的学习，是对一个现代公民必备素养的培育。如分析美国密苏里州乔普林市致命龙卷风，既与自然原因拉尼娜现象有关，也与人口增加、城市扩展等人为原因有关，还与预警技术有待提高相关。近年来的高考试题也注意加大了对灾害知识的考查，因此，教师在每次试题编制时，也要有意识地加强对灾害内容的考查。

二、在课外活动中，加强对自然灾害的探究

1. 鼓励积极探索

自然灾害作为一种自然现象，有其发生和发展的规律。规律是有章可循的，师生在进行研究性学习地理课外活动时，要积极开展对灾害规律的探索。要充分利用课堂所学知识和课外资料，认真地对灾害做深入的分析和探究，培养勇于探

索的思维能力。如在探究学习对中国洪涝灾害的研究时，要求学生对下一次中国大洪涝的年份做出大胆预测。笔者所指导的学生通过查找历史资料，弄清了中国历史上出现大洪涝的年份。通过仔细分析发现，洪涝年份的间隔与太阳活动的周期 11 年基本一致。于是，学生得出了下次大洪涝出现的年份规律。由于学生年龄、学识水平的限制，这种结论可能是粗糙的，但我们对同学们这种善于探索的精神应给予充分的肯定与赞扬。

2. 提高实践技能

防灾减灾是学校工作的重点，也是科普教育的重点。知识来源于实践，从实践中得来的知识更有利于掌握。注意到这一点，我们还要加强对社会调查和实地观测能力的培养。要求学生走出课堂，增加感性认识。例如，研究台风灾害时，师生走访省市气象台，请气象台的专家讲解台风基本知识，学会观看卫星云图，查看台风观测资料等。研究洪涝灾害时，师生可在附近河流设立水位标杆，坚持长期观测记录。研究地震灾害时，可访问亲历过地震的长者，了解他们的亲身体验，也可请地震部门专家给学生上指导课，提高我们的地震演练技能。又如，我们在开展“掌握防震避震技能，提高自救互救能力”的实践活动中分三部分进行：一是宣传发动，做好准备。二是防震演练。警报拉响，要求参加演练的师生立即做出反应，完成地震发生时的避险准备：双手抱头，学生根据所在地点环境选择遮蔽物并迅速蹲下，沉着冷静观察周围环境，规划逃生线路。一分钟后警报再次拉响时，学生在老师的引导下，进行快速有效的紧急撤离，从各个通道有秩序地疏散，按照统一要求集中至安全区域。各班清点人数并及时汇报避险演练情况，确保“一个都不能少”。警报拉响三至五分钟之后，全部师生安全地从教学楼、宿舍楼、食堂等区域迅速撤离到操场。演练秩序井然，学生积极投入，真正做到“迅速、安全、认真、高效”。三是总结提高，查缺补漏。这样，学生的防震避震实践技能得到了大大提高。

3. 引导归纳总结

经过一段时间的探索和实践，学生会得到一些感性认识。教师要帮助他们对这些感性认识做进一步的整理、分析，上升到一定的理论高度。鼓励学生积极撰写研究报告、小论文和新闻报道。千方百计地创造条件，利用黑板报、班刊、校刊、电台、电视台等媒介，发表他们的见解。鼓励学生对不同见解进行交流、讨论，在思维的争辩中，促进对灾害知识的再认识、再提高。对于观点特别新颖、思想特别深刻的文章，引导他们参加各级比赛，向报社、杂志投稿，让灾害知识得到传播。

图 5

三、在社会生活中，加强灾害地理知识的宣传

1．树立责任意识

在进行灾害学习时，教师除了引导学生加强灾害观念、提高防灾减灾意识外，还要充分利用学生人数多、社会接触面广的特点，引领学生在家庭、亲朋乃至全社会进行有关灾害观念、意识的宣传。要让全社会提高相关的危机意识、防患意识。要让人们知道，在灾害面前不能有侥幸心理。要让人们反思自己的活动后果是否会破坏环境、引发灾害。如在学习滑坡、泥石流等地质灾害时，笔者指导学生撰写了许多宣传稿、公开信、倡议书，在社会上广为散发，号召人们保护植被，减少此类灾害的发生。又如，学校成功地进行了师生应急避震疏散的演练，对于体现"教育一个学生，影响一个家庭，带动整个社会"的指导思想，逐步强化全社会防震减灾的意识，最大限度地减轻地震灾害损失，都产生了积极和深远的影响。

2．传播科普知识

高中生在社会上已属于有一定文化层次的人，要指导学生将学到的深奥的灾害知识转化为朴素生动的语言，向街坊四邻、妇孺老幼广为传播，要宣扬唯物论观点，破除灾害天定的迷信论。做一个小老师，用科普知识把文化素质低的人武装起来，用科学的思想、科学的方法来面对灾害。如遇雷击时，不能往高处跑；遇海啸时，要往海水深处走；在森林中一旦遭遇火灾，伺机逆风突破林火包围；在野外遇到龙卷风时，就近寻找低洼地伏于地面；洪水过后要加强卫生检测，防止疫情发生；同时，也建议每个家庭准备必备的应急物品等。

3．宣扬法律法规

依法防灾、治灾是文明社会的标志。我们不但要努力组织学生学习有关灾害的法律法规，还要引领学生走进社会、广为宣传。“5·12”是全国防灾减灾日，我们要结合普法活动或社团活动，与附近的社区、村镇结对子，发挥知识优势，通过写标语、发传单等手段，展开灾害法律法规的宣传，做到人人懂法、守法。只有这样，当灾害来临时，我们才不会束手无策，才能有章可循、有法可依，尽最大可能减轻灾害对我们的损害。此外，还可以宣传日本地震来临时的有效避震方法，提高居民的防震意识。

4．奉献社会爱心

在学习灾难知识时，我们还要奉献爱心，从自己做起，从实事做起；要关注时事、关注社会、关注民生。鼓励学生做青年志愿者，当灾害来临时，团结一致，同舟共济，勇于奉献。大灾过后，要积极营救生命，抢救财产，为有困难的人提供帮助。同时还要走进社会广为宣传，让人人都来献一份爱心。如四川汶川大地震后，我们积极鼓励组织学生捐款、捐物，写慰问信等。

从课堂灾害知识的学习，到课外实践活动的探究，再到社会生活中的宣传，进一步增强了学生的防灾减灾意识，丰富了学生的科学知识，培养了学生观察与思考自然现象的兴趣，提高了学生的生存能力，更有利于他们从容面对自然与灾害。

立足本土资源，在校本综合实践中彰显地理学科特色

斯　军

【摘要】 地理学科特色的彰显需要学科内涵的提升，而内涵则需要统编教材外的资源加以大量补给。本文拟从校本课程立足本土资源以及地理学科特色的形成机制等方面来探讨。

【关键词】 地理　特色　本土资源

在课程实践中，抓必修、必考科目的格局并未改变，而不属于考试科目的课程则面对投入不足的实际状况。部分学校也提出彰显校本课程特色等计划，但这些计划往往都是淹没在考试科目的行动大潮中，而学生在学习高中地理时，普遍存在抽象性强、空间思维弱的感受，这主要是源于课外资源的不足，这些不足不是通过教师在课堂上的轻描淡写就能根本解决的。因此，开发课外综合实践课程，进行系统教学显得尤为必要。

我校位于白鹅潭滨江地带，与老荔湾一衣带水，且学生多来自于广州西部，因此，西关文化成为学校地理科综合实践活动中的重要载体。广州西关因在广州旧城西部而得名，自古以来，都是广州的商业中心和经济中心。这里是“海上丝绸之路”的起点，中外商人的云集造就了西关的千年繁华，这里有独特的“西关文化”，包括了历史文化、人文文化、商业文化、生活文化、玉石文化、饮食文化和名胜景点等。可以说，西关文化不但源远流长，而且全面发展。所以在地理校本综合实践中，一方面要彰显地理学科空间性特点，另一方面要融合西关悠久的历史，在历史的维度里凸显地理学科特色。

一、立足自然资源特色，彰显自然地理特色

在综合实践活动内容的开发过程中，我们可充分利用本土特色自然资源，开发活动主题。这里不仅有“广州秦淮河”荔枝湾，亦有三江汇聚之地白鹅潭。这里水深流急，潮汛畅顺，是珠江三段河流的交汇之处，形成了市内最宽阔的江面。但白鹅潭江面亦有变迁史，秦、汉以前珠江河岸很宽，中山五路秦汉船台遗址就曾经是江岸所在地。又如西关的十八甫之“甫”作“埔”解，有码头之意，这意味着古代珠江面很宽，有“小海”之称（如图 1 所示）。历史上广州珠江河道曾经发生过很大的变化，而这种变化在明清时期表现最为突出，主要体现在珠江北岸南移，南岸相对稳定，珠江河道日益变窄。这种变化可以结合课堂必修 1 的地转偏向力加以解释，并能成为很好的案例。从明代起，随着江岸的南移，城南沿江地带不断有新淤积的沙洲发育，为城市扩展提供了所需土地。这主要反映在两个区域，其一就是西关地区，西关在唐代以前为河网交错的沼泽平原，宋代以后河岸边滩才陆续发育成陆，明初珠江南岸向西延伸至西关涌，此时的西关多为东西向基围围垦，如蓬莱基、黎基、陈基、冼基、曹基等，围内是农田、村落。明末，沿西濠及大观河交通方便之处建立了十八甫，商业街才开始形成。不仅如此，白鹅潭滨江地带水运繁忙，沿江多设有码头仓库，如太古仓；西方人也在此创办了学校、教堂等，如广州真光中学位于白鹅潭江畔，为外籍人所创办的教会学校。

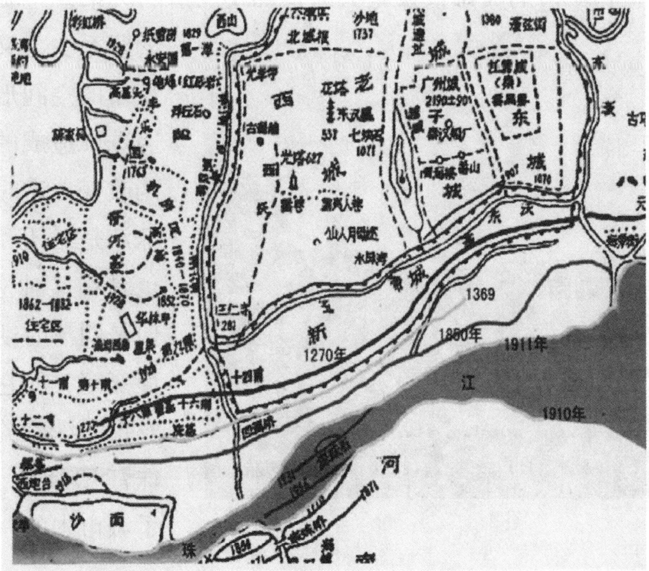

图 1

二、立足经济环境特色，彰显经济地理特色

西关最辉煌的时期应是在明清。那个年代广州的所有经济活动都集中在广州西部，这里有进出码头，有各种货站和仓库，更有各国商务机构和洋行，最著名的买办基地就在这里（如图2所示）。西关南面的“沙面”是英法的租界。西关会在广州的城市发展中脱颖而出，完全得益于西方的经济入侵和它的交通地理位置。西关的交通地理位置具体来说就是其显要的水路交通。清康熙二十五年（1686），今广州文化公园至海珠南路一带设立了专营对外贸易事宜的十三行，行商在十三行区内兴筑了十三夷馆，租给外商住宿、办理商务和堆放货物。它的设立带动了西关经济的发展，使之在清中晚期成为广州商业经济中心。受中国古代水上交通技术水平的影响，明清之前上千米的珠江宽度成为广州发展对外交通的优势，海船等大型船舶可以直接从南海进入珠江，停靠在珠江码头，为广州对外贸易和岭南的经济文化交往提供了最为便利的条件，奠定了广州城作为对外贸易中心和岭南经济区中心的核心地位。但同时它对于城市的建设来说，更多的是扮演当时城市扩展的天然屏障。一方面在古代城市防御体系中起到保护城市安全的作用，而另一方面也限制了城市的发展。它和城内的联系以水路交通为主，当时宽阔的河面不利商船避台风，许多商船利用城内河道进入城市，如南濠就是专为船只开辟的。而据《羊城古钞》记载，“宋景德年间（1004—1008）经略使高绅所辟，纳城中诸渠水以达于海”。按照记载，六脉渠中确有4条渠均和南濠相通而出海，可见它和城市的关系仅仅是大河道和小汊道的关系，与城市的陆地方向的联系少之又少，因此，从城市的空间形态上没有看到因珠江造成的城市街巷形态的改变。这时的城市相对于珠江是封闭和完整的，二者也是相互独立的两个实体。但是明清时期珠江宽度的快速变窄，使它和城市的关系发生了深刻的变化。这时的珠江已经由“小海”变成了城市中的一条河道，成为

图2

城市生活中不可或缺的一部分。在珠江河道变窄的过程中，白鹅潭不仅成为对外联系的窗口，而且加强了与广州河南区域的联系，交通地位极其重要。明清时期，这里成为广州水路交通汇集点，西关经济文化自此大繁荣。

三、立足民俗风情特色，彰显文化地理特色

西关繁荣的商业经济也带动了该地区的文化大繁荣。如一些老广州说的，西关的文化曾代表过广州的文化潮流，虽然现在已经衰落了。不过，经过沉淀和筛选，现在也可以找出不少称得上文化又发过光的东西。这些东西曾引领着广州走过不少的历史，如粤剧、饮食文化，再如西关大屋、骑楼、陈家祠等岭南文化建筑。尤其要说到的是西关的饮食文化，“食在广州，味在西关”这句话就是对西关饮食文化的最好概括。

关于饮食文化与地理相结合这一问题，笔者曾探讨过广州饮食文化景观空间特征，并以西关为主（如图 3 所示）。此课题在校本综合实践中，教学效果良好，学生深感兴趣。关于广州的饮食文化空间特征，首先从宏观角度对整个广州的饮食文化景观分布做探讨，尤其是对广州各区的菜馆做统计。其中粤菜馆在广州荔湾、越秀区分布密度最大，且最有特色；“食在广州，味在西关”，因此，笔者对广州西关的美食景观融入了地理特色，重点是对美食点的分布做研究，不仅要让人们知道美食很美，还要让人们知道美在何方，如何发现美，这也体现了地理的实用性。

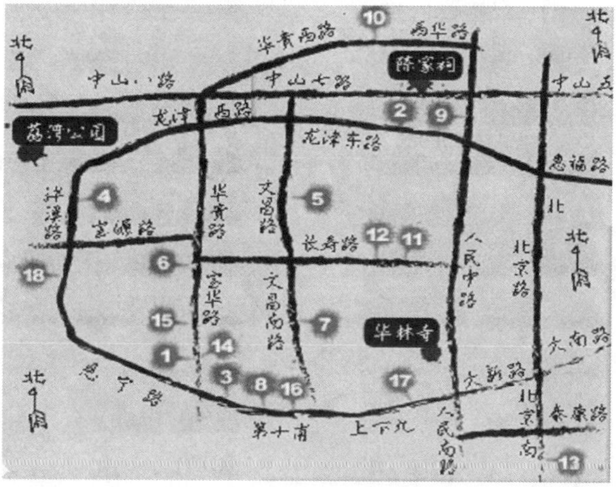

图 3

广州饮食文化特色的形成与自然地理环境是分不开的。广州地处亚热带季风气候区，雨热同期，光热充足，降水丰富，土地类型多样，适宜性广，冲积平原和海积平原土层深厚，土地肥沃等，这些自然条件为多种生物栖息繁衍和作物种植提供良好的生态环境，生物种类繁多，生长快速。特别是出产不少咸淡水产和

两栖类动物，为广州人提供了各种各样的食物用料。广州常年的气温较高而且很多时候较潮湿，食物极易腐烂变质，所以粤菜以口味清淡为主。

校本课程是根据新课程标准的要求对国家课程和地方课程进行的再加工、再创造。它是以学校为基地、以学生的需求为导向的课程开发。立足本土资源开发校本课程，是彰显学科特色之关键。由于广州中考科目未加地理，学生进入高中阶段后对地理这一学科存在概念模糊、重视不够等问题，学生对于地理的兴趣还处于起步阶段。若以课堂教材为纲，我们很难从根本上解决这一问题，因此系统开发地理校本课程，开发地理“第二课堂”显得尤为重要。只有这样，才能彰显高中地理学科的特色。

顺学而导升学力，以学定教促高效

杨礼芝

【摘要】本文通过课前独立预习式、课中展示探究式、课后延续练习式导学案的设计和实施来提升学生学习力；并通过以学生的兴趣为切入点，以学生的技能习得为提升点，以学生的思维训练为突破点探讨高效课堂的生成。

【关键词】导学　后教　高效

教育家陶行知说过“教的法子要根据学的孩子”。我们的课堂教学要做到因文而异，因需而设，以学定教，顺学而导。对于这个问题，不同的教师有不同的思考，课堂教学要使教师的“导”与学生的“学”相结合。

教育心理学家赞可夫就主张教育要触及学生的情绪领域，触及学生的精神需要。活泼的课堂气氛，直观形象、富于启发性的教学，伴随着记忆主体的积极活动，将会在学生的记忆深处留下深刻的印象，久久难忘。因此，要实践“顺学而导，以学定教”课堂教学，教师的“导”主要体现在：激发兴趣，使学生爱学；营造氛围，使学生投入地学；给出足够的时间，使每个学生扎扎实实地学；适当开展合作学习，使学生在探究中互相启发，互动地学；根据学情加以引导，使学生有目的、有层次、有实效地学等。这样上课，师生各司其职，学生的主体地位得以确立，教师的主导作用得以发挥，这正是主动有效的课堂体现。本文结合高中生物教学谈谈笔者的几点做法。

一、顺学而导提升学生的学习力

传统教学观过分注重教师的权威性，轻视学生学习的主体性，往往把教学的重点放在课堂讲授上，逐渐形成了“先教后学”的教学模式和教学思维。但在新课改形式下，教师要尽快转变角色和观念，构建适应新课程理念的“顺学而导”的高效教学观。“学”是指学生在教师指导下的自主合作探究学习；“导”不是传统意义上的“讲授”“传授”，而是指教师在师生充分交往、对话的基础上，对学生的疑问和学习方法的“引导”“指导”“交流”“启发”。

1．课前独立预习式导学提升学生学习力

“凡事预则立，不预则废。”学习更是如此。预习是生物教学落实素质教育的关键之一，是提高学生自学能力的一个重要环节。但凡新课的学习，笔者总是会根据教材的重难点和课后习题，设计适宜学生年龄特点和知识水平的预习作业，充分调动学生的学习积极性，让他们养成独立自学的习惯，为课堂学习做好充分的课前准备。

课前预习自测题设计要注意：题目要有基础性，学生通过预习教材即可顺利完成；问题必须能引发学生的思考，避免简单的没有思维含量的练习；题目的设置要根据内容特点灵活多变；课前预习要体现出教师的教育机智等。如在高三一轮复习“影响细胞呼吸、光合作用的因素及应用”时，可设计如下问题让学生进行课前预习：

［题1］读图，根据相关知识，填写下图内容：

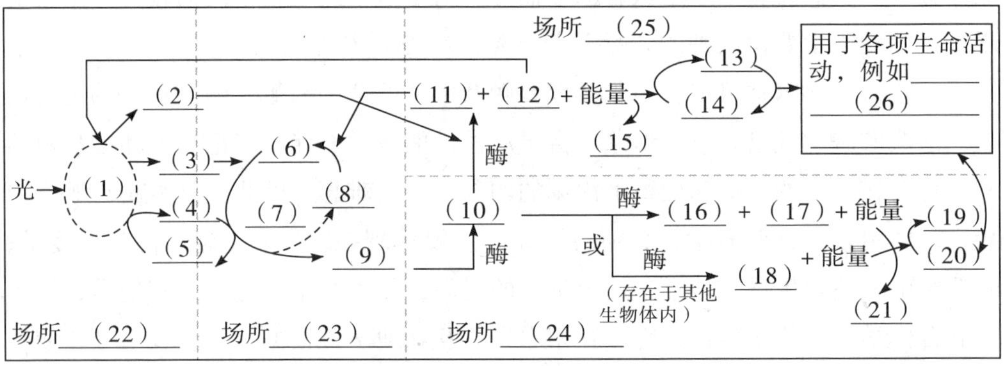

图1

（1）____　（3）____　（4）____　（6）____　（7）____

（9）____　（11）____　（12）____　（14）____　（16）____

（17）____　（18）____　（20）____　（21）____　（22）____

（24）____　（25）____　（26）____

［题2］写出下列生物相应细胞代谢反应式：

（1）绿色植物光合作用的总反应式：____________________。

（2）酵母菌进行细胞呼吸的总反应式：________________。

（3）人剧烈运动时骨骼肌细胞进行细胞呼吸的反应式：________________。

［题3］光合作用骤变时在短时间内各种物质含量的变化分析：

条件	［H］\ ATP	(CH_2O)	C_3	C_5
光照强度突然减弱，CO_2的供应不变				
光照不变，CO_2浓度突然降低				

2．课中展示探究式导学提升学生学习力

课堂探究是导学案的核心，是学案教学的重头戏，是诱导学生学习的关键部分，也是最能体现教师教学经验和教学水平的重要部分。这一部分内容需根据教材的重点、难点设计问题情境，以便教师组织开展问题探究活动。设计问题情境时，必须突出重点。在主干知识部分组织学生深入思考，积极讨论，避免面面俱到、分散重点；必须联系生活，从学生已有的知识经验出发，通过问题情境使其感受知识的实践价值。

课堂探究的目的是升华经验、内化知识，所以，总结反思也应该是其中的一个重要组成部分。总结反思可以是问题情境后的知识总结，包括图表、公式、小思考题等形式的知识总结；也可以是问题情境中的适度“空白”，它可留给学生自主拓展、思考的空间，使学生在讨论总结后及时将思维火花放大，巩固成果。如在高三生物一轮复习“影响细胞呼吸、光合作用的因素及应用”时，可设计如下问题让学生思考讨论：

［题1］影响细胞呼吸的外界因素主要有：________________。

［题2］影响光合作用的外界因素主要有：________________。

［题3］请根据细胞呼吸、光合作用原理来作答。

（1）根据细胞呼吸原理，回答以下问题：

①在贮藏水果蔬菜时，在________条件下贮藏，能保持较长时间；主要原因是什么？而在粮食贮藏时，采用________条件；主要原因是什么？

②农作物长期水淹，会出现________现象；主要原因是什么？

③水稻田露田、晒田以及在栽培农作物时中耕松土的主要原因是什么？

（2）请根据光合作用原理，提出提高温室大棚内蔬菜产量的措施。

3. 课后延续练习式导学提升学生学习力

课后练习是课堂教学的延伸，是生物教学活动的一个重要过程，是对学习效果的检查与验收，是评价一节课是否成功的重要因素之一，更是对学习的强化与巩固，适当合理的课后练习也是提升学生学习力的重要保证之一。

课后练习除了以题目的形式呈现外，还可以通过课后探究、师生互动交流、撰写调查报告等多种形式呈现。若用题目呈现，要注意题目的拓展和巩固功能，并要注意适当考查规律、方法，以帮助学生完成知识迁移。课后练习后面还可以适当补充作为问题探究活动的知识或情境拓展，但拓展要注意时效性、真实性和科学性。

如在高三复习“影响细胞呼吸、光合作用的因素及应用”后，布置相应课后练习题：

题1：如下图表示某种植物的非绿色器官在不同氧浓度下CO_2的释放量和O_2吸收量的变化，请据图回答：

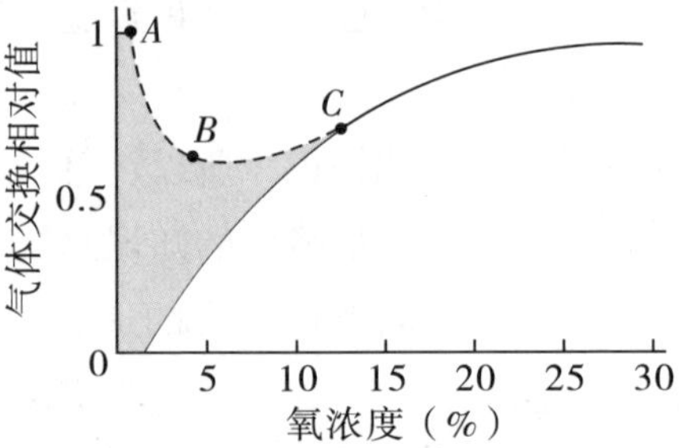

注：实线表示O_2吸收量；虚线表示CO_2释放量

图 2

（1）在外界氧浓度为10%以下时，该器官的呼吸作用方式是____________。

（2）说明无氧呼吸强度与O_2浓度之间的关系____________________。

（3）实线和虚线相交于C点，对于B、C点，以下叙述正确的有（　　）。

A. C点时，植物既进行无氧呼吸，又进行有氧呼吸

B. C点时，植物只进行有氧呼吸，此时无氧呼吸被完全抑制

C. B点时，无氧呼吸强度最弱

D. B点时，植物呼吸作用最弱

（4）AB段表示CO_2释放量减少，其原因是____________________。

（5）图中阴影部分的面积代表________________________________。

（6）当外界氧浓度为4%～5%时，该器官CO_2的释放量相对值为0.6，而O_2的吸收量相对值为0.4。此时，无氧呼吸消耗葡萄糖的相对值约相当于有氧呼吸的____倍。

（7）由此可见，保存水果、蔬菜，应控制空气流通，使氧浓度保持在_____。

题2：甲乙两图分别表示光照强度和空气中的CO_2含量对某绿色植物光合作用的影响，丙图表示一天内某时间段蔬菜大棚内CO_2浓度随时间的变化曲线。请据图回答下列的问题：

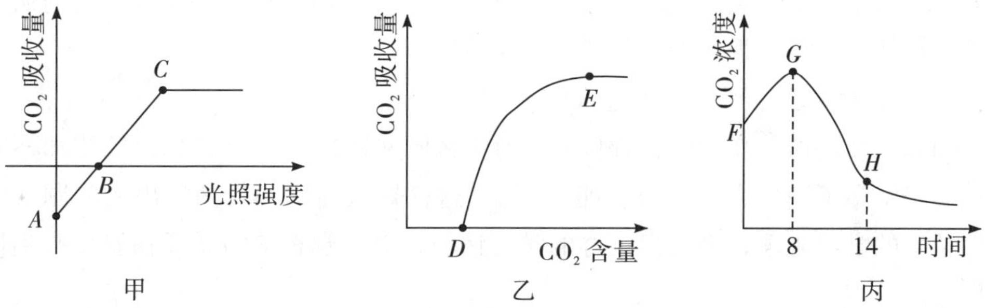

图3

（1）甲图中的*B*点时细胞进行的生理活动的特点是________，分别与乙丙图中的________点叶肉细胞所处的生理状态相同，此时细胞中能产生ATP的部位有________，如果在缺镁的条件下，*G*点将向________方移动。

（2）*C*点与*B*点相比较，叶绿体基质中C_3的含量________（填较多、较少或不变）。

（3）甲图中*A*点所进行的生理反应表达式为________。

（4）光合作用在遇到一定限制因素时，其速率将不再增加，图中限制*E*点的外界因素是________；施用农家肥能提高蔬菜的产量主要是因为________。

课后练习既要帮助学生巩固已学过的知识，加深对课文的理解，把知识转化为技能技巧，还要培养学生的创新思维能力。只有充分调动学生思维，引导和鼓励他们大胆质疑、创新，我们的教学过程才会生动活泼，我们培养的学生才会富有生机和创造力。

二、以学定教促进高效课堂的生成

高效课堂模式中，“以学定教”是教师教学的基本尺码。教只是手段，学才是目的。教师的一切教学行为都应以"一切为了学生的学，一切有利于学生的学，一切促进学生的学"为依据，恰当地确立教学的目标要求，合理选择教学策略与方法，灵活地调节教学的内容和进程，使课堂教学的过程真正成为学生自主探究和主动发展的过程。教最终是为了不教，这样的学习才是最成功的学习，这样的教学才是最成功的教学。

1．以学生的兴趣为切入点

高效课堂的一个中心是"一切以学生为中心、以快乐为根本"。因此，教师在教学中要始终把学生放在第一位，充分激发学生的学习兴趣，尊重学生的认知水平，让他们学得有趣，学得轻松，并学有所获。

（1）课前导趣，引领学生进入课本。

例如，在讲遗传变异时，提问："为什么同父同母的兄弟姐妹，长相却不完全一样呢？学了遗传变异大家就明白了。"这样导入新课，教师提出的问题就能激发学生的学习兴趣，创设出良好的学习情境，对课堂教学的展开和发展起到推动作用。

（2）课中激趣，引导学生深入课本。

激趣不仅仅表现在课前，课中的激趣也尤为重要。课堂教学中要巧用实例和数据，促进教学与生活实际的结合，追求理论联系实际，如在讲无氧呼吸时，可从长跑、做泡菜、制酒等方面引入。把人们日益关注的环境问题，如"赤潮""水华""外来物种入侵"等，还有食品安全问题如"农药残留""转基因食品"等指什么，这些现象因何而起，又该如何防治等话题穿插在课堂教学过程中。

在生物教学中，用课本上的知识解决生活中的问题不但轻松解答了学习中的疑难之处，而且对激发学生的热情也至关重要，这样，学生不仅有兴趣听，还学得轻松。

（3）课后延趣，引发学生拓展课本。

虎头虎尾是使一节课成功、精彩的重要因素之一，课后拓展更是对课本的延续学习。那么怎样将课文的学习兴趣延续到课后呢？依据学生的学习水平和个性化特点设计难易度不同的练习题至关重要。课后常鼓励学生主动收集并整合与生物知识相关的趣味资料。在免疫学教学中，有关艾滋病的内容，学生表现出了极大的兴趣。可将任务布置下去，要求每个合作小组查询、搜集质量较高的案例一份，并在课堂上展示交流。几天后，上课时学生的出色表现会给你意外的惊喜，学生搜集了许多资料、图片，为课堂增色许多。

2．以学生的技能习得为提升点

高效课堂的终极目标是致力于学生学习能力的培养，如何有效提升学生的知识与技能呢？

（1）指导学生自主学习提升知识和技能。

自主学习不是让学生自己学习，而是在教师的引导下完成学习任务。如在讲授“DNA 的结构”时，可在让学生自学课文并对比 DNA 的平面结构和立体结构后，让小组合作总结 DNA 的结构特点；然后让学生小组合作动手制作 DNA 的结构模型；再让学生展示和交流。围绕 DNA 结构这一重点和难点问题学生展开自主学习，合作交流、探讨，教师在学生充分理解和动手动脑交流的基础上进行基础知识、基本技能的讲解，并适时指导点评，一切水到渠成。

（2）设疑解惑合作探究提升知识和技能。

在“通过激素的调节”一课的学习时，笔者采用了学生合作互动的方式进行学习。首先将学生分为 4 人一组；然后教师创设开放性的问题情境，准备了一些多角度的问题，按照动物激素的种类和生理作用、动物激素的分泌、相关激素间的作用、其他化学物质的调节作用等不同内容，把问题分为 4 个专题提供给学生。学生分组选择其中的任一专题（教师参与调剂，避免组间重复），组内 4 人进一步分工细化，每人负责不同的内容，利用课余和自习时间，通过阅读教材、查阅资料、上网查询等方法收集资料，然后组内成员间合作互动，分析整理，建构本专题的知识和概念。由于每组只查阅了一个专题的内容，要想获得完整内容就必须进行组间的合作互动，可以利用课堂时间给学生提供展示的平台，分组相互交流各自的成果和心得，其间教师及时点评，最后学生获得本节完整全面的知识。在交流时，每组同学不仅认真倾听其他组的介绍，还及时提出问题进行咨询、讨论，促进了组间的互帮互学。交流中有些学生还提出了很多意想不到的新问题，激起了更多的同学进一步寻求答案的欲望，结果学生的学习情绪异常高涨，提问和答疑的参与意识非常强，学习效果显著。这种教学方式不仅使学生获得了相关知识，还激发了学生对生物学的兴趣，同时也培养了收集、处理资料信息的能力，更重要的是学会了与他人的合作互动、友情互助，分享合作的快乐，学生的成就感和自信心溢于言表，取得了很好的教学效果。如“细胞的分化、细胞的衰老和凋亡、细胞的癌变”“DNA 是主要的遗传物质”“基因突变及其他变异”等内容的教学均可采用此种方式进行。

3．以学生的思维训练为突破点

将科学的思维方法引进生物教学中，是当前教育思想、教育观念转变的必然要求，是中学生物教学改革的必然趋势。作为一名生物教师，不但自己要掌握科学的思维方法，并在生物教学中科学地运用，而且要注重思维方法在学生学习中的应用，教会学生科学的思维方法，使学生应用科学的思维方法高效率地掌握生物学基础知识，获得生物学技能，同时培养思维能力，发展智力。只有通过教育和训练，学生的思维水平才能逐步提高，才能独立地分析问题和解决问题。

笔者在教学中分别以“证明 DNA 是遗传物质的实验”“光合作用的发现”“酶的发现”和“生长素的发现”为教学案例，从不同侧面训练学生在体验这些实例中科学思维活动的全程性、整合性、巧妙性、发展性、逻辑性和严密性，以真正与生物新课程标准的目标（提高全体学生的生物科学素养）保持一致。

具体在课堂教学中如何设计培养学生的思维能力？下面以“基因突变”一节课的设计来具体说明。

（1）围绕重点，设计促进学生理解、分散难点的问题。

导入之后，播放镰刀型贫血症的视频资料，提问：①病人的红细胞为什么变成了镰刀型？再问：②为何说这两种蛋白质是不同的？利用旧知归因到多肽链上氨基酸的差异后，进一步追问：③患者血红蛋白 β 链氨基酸为何发生了异常变化？让学生思考回答，结合基因的功能，利用动画演示正常和异常血红蛋白基因控制血红蛋白合成的过程，通过聚合思维问题，加深学生理解。

（2）围绕重点增加实例，设计问题情境，培养思维品质的创造性和批判性。

针对上述实例“现在可以采取什么措施拯救患者”，学生有的提出换血，有的提出进行骨髓移植，分别从治标和治本的角度提出了解决措施，培养了学生思维品质的创造性能力。提供了另一基因突变的实例，播放了一段有关软骨发育不全患者病因探究实验的视频，让学生思考“为什么患病夫妇发现怀孕后十分焦虑”，由此引发问题“这对夫妇该怎么办”“导致基因突变的环境因素有哪些”，引发了一段基因突变与环保、克隆、优生的讨论，有助于批判性思维品质的养成。

（3）抓住关键，设计培养创新思维的发散性和评价性问题，训练思维品质的广阔性与深刻性。

让学生说说“基因突变和基因重组有何不同”，在比较中深化思维；评价“基因突变是好事还是坏事”，想象“如果没有基因突变，世界将是会怎样”，辩证地认识基因突变的意义，提高了思维品质的批判性。“能否利用基因突变造福人类”话题中学生发散思维的能力让人吃惊，有的提出可利用有利突变培育植物新的抗病基因；有的认为可突变回原始人类的模样，让我们看看老祖宗是啥样；还有人想到让 SARS 病毒突变为发荧光并可和原来病毒结合成空中卫士；个别学生还利用逆向思维提出可以利用有害突变杀死癌细胞……引发“能不能阻止有害基因突变的发生”等问题，通过发散思维，提高了学生思维的灵活性、广阔性和独创性。

当然，学生良好思维品质的形成并不是几堂课就能够一蹴而就的，而需要长期坚持不懈地努力。作为教师，要坚持用一双仔细观察学生反应的眼睛和一个认真思考原因的大脑去发现教学问题，不断反思，不断改进，在教学实践活动中求证改进的效果。让每节课都像陶行知先生所说的“处处是创造之地，时时是创造之时”，长期渗透，就一定能使得我们培养的学生“人人是创造之人”。

实现高效课堂不仅要关注学生的兴趣和水平、知识和能力，还要关注教师对文本的剖析、对教学流程的安排以及客观全面的评价等。只有做到这些要求，才能让课堂实现高效率、高效益、好效果，才能让学生真正做到肯学、想学、会学。

实验在初中物理科学探究中的地位

许　瑞

【摘要】科学的本质是对未知事物的探究，通过科学探究活动，学生不仅可以学到科学知识，还可以体验科学研究的过程、了解科学方法、受到科学价值观的熏陶。实验是物理概念和规律建立的基础，对于帮助学生学习物理知识和培养他们的创新精神有着重要意义。基于这样的认识，本文通过对教学中教师演示实验及学生亲自动手做实验的介绍，展示当学生对探究的过程有了较多的感性认识之后，再让学生相对完整地探究物理规律。

【关键词】初中物理　科学探究　实验　方法

物理学既有趣又有用。物理教育的重要作用之一在于保持学生对大千世界的好奇心和求知欲，而新课程标准的理念倡导探究式的学习，强调科学与实际、科学与技能、科学与社会的联系，正符合学生的求知心理，所以初中物理教学中应该强调学生的探究活动，把科学探究的学习和科学内容的学习放在首位。科学的本质是对未知事物的探究，通过科学探究活动，学生不仅可以学到科学知识，还可以体验科学研究的过程、了解科学方法，受到科学价值观的熏陶。而实验是物理概念和规律建立的基础，对于帮助学生学习物理知识和培养他们的创新精神有着重要意义。在初中教学中实验现象往往是形成兴趣的思维基础，观察、实验是初中物理学习的重要环节，教学中应该多展示实验的魅力，教师应该精心设计一些有趣的实验，帮助学生的学习。在此笔者将一些心得体会写下来，望指点。

一、课本中实验帮助教学的尝试

八年级物理在实验与科学探究方面就给出了很好的范例和开端。《科学之旅》中给出了四个有趣的实验，笔者教学中成功地演示了这几个实验，极大地调动了学生的学习兴趣，并且纠正了学生的认知习惯，培养了学生的科学探究思维。具体教学安排如下：

（1）提出问题：停止沸腾的水，浇上冷水后还会再次沸腾吗？

问题提出后，不急着给答案，让学生猜想，这时学生感到疑惑，有些学生议论纷纷，大胆的学生说不可能再次沸腾，并说冷水只能用来降低温度。这时，笔者将准备好的烧瓶、火焰、冷水拿出来，当把冷水浇到水已经停止沸腾的烧杯的瓶底时，学生惊讶地叫起来，实验现象太出乎他们的意料了。而此时笔者没有解释现象的原因，只是激发学生的认知冲突。

（2）提出问题：在倒置的漏斗里放一个乒乓球，用手指托住乒乓球，然后从漏斗口向下吹气，并将手指移开，乒乓球会下落吗？

把一个乒乓球放在一个倒扣的漏斗中，通过漏斗嘴用力吹下面的乒乓球，看到乒乓球不下落。学生根据以往的经验知道，乒乓球放在一个倒扣的漏斗中，即使不去吹，只要一松手，乒乓球就会落下。在做实验前让学生猜想这个实验结果，同第一个问题一样学生们展开了议论，在学生想要知道结果的时候，笔者完成了实验，此时学生安静异常，物理现象又一次和他们的认知发生了强烈的碰撞。向学生展示物理无穷的魅力，激发了学生探究物理奥妙的兴趣。

在观察笔者的演示实验后，学生已经跃跃欲试，想动手做实验，看看自己能否做成一些有趣的实验。在课堂上，笔者安排了两个简单的实验——用放大镜观察物体和用漏斗吹乒乓球。用放大镜看指纹，是正立放大的；看窗外的物体，却是倒立缩小的。前者是学生熟悉的现象，后者的现象学生并不熟悉，他们往往认为用放大镜看到的东西总是被放大的。这两个实验方法简单，效果明显，容易成功，笔者鼓励学生大胆尝试，有几个学生在笔者的鼓励下上讲台做了实验，效果很明显，很好地满足了他们的心理要求，直接启动了学生对课程的学习动机，激发了学生的学习兴趣，为今后的教学效果奠定了良好的基础。在前两个有效的教学步骤的基础上，笔者指出科学的本质是对未知事物的探究，指出物理学不仅有趣而且非常有用。进一步展示物理学对现在生活和科技的贡献，并且引出牛顿对万有引力的猜想，提出物理学的基本学习方法——科学探究法。在介绍该方法时，笔者不是简单地介绍内容和方法，而是提出一些学生熟悉的科学家的故事，如“伽利略对摆动的研究”“牛顿对万有引力的发现”，通过这些故事展示科学家探究未知世界的过程，让学生了解什么是科学探究，初步了解科学探究的方法。

二、在课堂教学中进行实验的实例

在初中教学中，几乎每个教学内容都可以安排实验教学。笔者在教学中，尽可能地安排每一个实验，发现在实验的基础上教学也变得简单而有趣了，往往在教学中学生会有一些奇妙的方法展示在实验中，以至于学生在遇到物理问题或大家争论不休的问题时，都会提出通过实验解决的方法，并实施解决。通过教学笔者体会到了此中的乐趣，学生也是乐于学、好于学。

［实例一］　七年级的“透镜及其应用”一章的“眼睛和眼镜”一节，多数教师的方法是在观察眼球的结构图的基础上，强调晶状体相当于凸透镜，视网膜相当于光屏，把眼睛和凸透镜联系起来，利用凸透镜成像的实验讲解的，这种方法比较抽象。笔者在进行本节教学时自创和改进了实验：用一张白纸打印出眼睛的示意图，在晶状体的位置放置一块柱状透镜，用两束平行激光照在透镜上面，作为眼睛的模型，在近视眼睛模型前面放一块焦距合适的凹透镜，可以演示近视镜的调节机理，在远视眼模型前面放一块焦距合适的凸透镜，可以演示远视眼的调节机理。这种方法形象生动、一目了然，结合了多媒体教学，使抽象的内容变得非常易于理解。

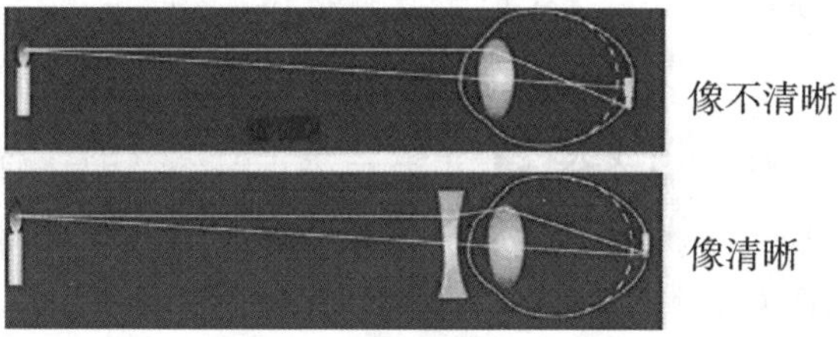

图 1

［实例二］　八年级的“质量与密度”一章的“测量物质的密度”一节是学生实验课，有两个学生在分析盐水密度的结果时，得出的结果是 $0.95g/cm^3$，而课本上给的水的密度是 $1.0g/cm^3$，按理盐水的密度应该大于这个值，但是现在盐水的密度小于这个值。

学生很疑惑，笔者开始以为他们测量有错误，要求他们再做一次实验，后来认真观察了他们的实验过程，没有错误的地方，但结果还是 $0.96g/cm^3$。下课后，笔者带着这两个学生利用自习课进行研究，我们换了不同的器材进行了多次测量，结果还是没有多大变化。分析了多种原因后，最后提出测一下自来水的密度，我们立刻行动，多次测量自来水的密度，求出平均值，结果是 $0.85g/cm^3$。对于这个结果，学生还是有疑惑，于是笔者引导学生查找水的密度的相关资料，最后学生得出了结论：纯水的密度在4℃时最大，为 $1.0g/cm^3$，其密度值会随着温度的升高而变小，因而有了前面的实验结果。通过这次实验，学生不但更加喜欢物理了，而且养成了尊重事实的科学精神，养成了勇于挑战权威的习惯。

[实例三]　一次作业中有一道题：点燃两支长度不同的蜡烛，将其固定在桌面上，如果用玻璃杯将两支蜡烛罩在里面，两支蜡烛最先灭的是（　　）。

A. 长的蜡烛　　B. 短的蜡烛　　C. 同时熄灭　　D. 无法判断

学生在作业中有多种答案，大部分都根据感觉回答说短的先灭。笔者拿了两根长短不一的蜡烛和一个烧杯，给学生做了实验，结果一下子就出来了——长的先灭。学生一下子就记住了这个结果，这时可问为什么有这个结果，很快就有学生根据密度随温度的升高而减小得出了结论，再一次显示了实验教学的效果。

观察、提出疑问、做出猜想、证实猜想，这些都是科学探究活动的要素，所以要把这种指导思想灌输给学生，倡导学生像科学家那样，追求科学问题的答案，勇敢探究未知世界。实验教学完全起到了这个作用。

孔子曰：知之者不如好之者。学生有了兴趣就肯全身心投入去做，学与乐不可分。兴趣是力求认识、探究某种事物的心理倾向，是人对客观事物的一种内在倾向性和内在选择性，对学生而言，它就像兴奋剂，是学习知识、掌握技能的内在动力，能起到事半功倍的效果。笔者通过绪论课培养了学生的学习兴趣，在接下来的整个初中物理教学中都受益匪浅，学生始终都有饱满的学习兴趣和热情。

有效教学的新视角：跳出应试抓备考

谢虎成

【摘要】刨根问底有利于加深对知识的理解；模拟真实的问题情境有利于培养实践能力；不被标准答案所束缚有利于培养创新精神。只有跳出应试教育的怪圈，从素质教育的视角来设计生物复习教学，才能全面提高学生的生物学素养。

【关键词】 有效教学　复习教学

高三复习课时紧、任务重，追求教学的有效性就成为必然。但是，在高三复习中如何实施有效教学，用什么指标衡量高三复习课的有效性，高三复习课是否需要顾及学生情感、态度、价值观的发展？对这些问题的理解不同，教学行为和效果就大不相同。本文将以三个实例来探讨以上问题。

一、依纲靠本，还是刨根问底

在一节复习公开课"生物的变异"的试教中，授课教师课前小测给学生做了这么一道题：有关基因突变的叙述，正确的是____。（2008 年广东高考理科基础 47 题）

A．不同基因突变的频率是相同的　　B．基因突变的方向是由环境决定的

C．一个基因可以向多个方向突变　　D．细胞分裂的中期不发生基因突变

此题学生答对率是 52%，其中 38% 的学生选答案 D。讲解时教师依据是教材上的"基因突变是随机发生的，可以发生在生物体个体发育的任何时期"，课堂讨论中有一位学生刨根问底了："个体发育的任何时期与细胞分裂的任何时期完全是两码事，怎么能说明细胞分裂中期能发生基因突变呢？"教师一时语塞。如何突破这一知识点，评课时有一位教师提出，如果要学生真正理解"细胞分裂

的中期也能发生基因突变”，必须讲清基因突变的机理，向学生介绍“DNA 损伤及损伤修复”。但这一观点受到多数听课教师的抨击，认为这样做超过了考纲的要求，超越了教材的内容，浪费了学生的时间，不符合“有效教学”的原则。同时认为这个知识点十分简单，强调细胞分裂的各个时期都有可能发生基因突变，要求学生记住就行了。

笔者在两个班进行了对照实验，A 班按照前一观点设计，笔者同学生一起回顾了基因突变的概念和基因突变的特点后，对相关内容进行了拓展，用约 6 分钟的时间讲述了基因突变的机理，包括某些化学物质与碱基结合改变其配对方式或者替代碱基的位置而使复制造成差错，物理因素（如射线）可能导致 DNA 断裂，DNA 有自我修复功能及修复时可能出现差错等；B 班按照第二种观点设计，强调细胞分裂的各个时期都有可能发生基因突变后，做两道变式训练题加以巩固。一个月之后，我们在月考中又加了此原题（只是调整了选项的顺序）。此前两个班的答对率分别是 52% 和 54%，但一月后 A 班答对率上升到 98%，B 班只上升到 76%。我们设计了一道问答题，典型答案如下：

表 1

问题：如果你认为细胞分裂的任何时期都可能发生基因突变，请说出你的依据	
对照班（B 班）	实验班（A 班）
1. 书上说“基因突变是随机发生的，可以发生在生物体个体发育的任何时期” 2. 做过这样的题目，标准答案是任何时期都可以发生基因突变 3. 听老师讲过	1. 间期 DNA 复制时可能出现差错而造成突变 2. 外界的射线或者化学物质可能导致 DNA 断裂，拼接起来时可能出现错误

很明显，实验班学生真正理解了基因突变的原理，不但记忆牢固，而且回答问题时理由充足，自信心强；而对照班虽然也记住了相应的名词术语，但并不是真正理解了基因突变的机理，遇到具体问题情境时就理屈词穷了。

生物学概念是构建生物学知识框架的基础，高三复习的首要任务就应该是加深对生物课中重要概念的理解，并通过概念链构建生物学的知识体系。基因突变属于重要的生物学概念，也是高考的考频考点之一。“DNA 损伤及修复”这一知识能帮助我们理解“基因突变”的概念，尽管考纲没有要求、教材没有介绍，但我们认为适当的拓展是十分必要的，对高考也是有帮助的，为什么我们一定要“依纲靠本”呢？

二、充当评卷员，还是充当研究员

在一节公开课试讲中，授课教师对一道实验题进行讲评，教师做了较大的改革，把学生的典型答案挑了出来，对照标准答案和评分标准，让学生充当评卷员进行评分，评完分让学生对典型错误进行分析。（横线上的是学生的典型答案）

学生多评用词不准确，不严谨，回答得不科学，与标准不符合等。从学生对实验设计的认识看出他们明显的学生思维和应试思维，不是对实验的本质理解。

例：台湾塑化剂事件的爆发，使我们认识到环境激素对人体的危害。有人猜测塑化剂的作用类似于雌激素，可能会引发性早熟。请设计实验探究上述猜测是否正确。（说明：性成熟的早晚可以用初次发情时间为指标）

（1）材料和用具：同种雌鼠若干，含适宜浓度的塑化剂的饲料（甲），含适量浓度雌激素的饲料（乙），普通饲料（丙）等。

（2）实验目的：探究塑化剂的作用是否类似于雌激素，可引发性早熟。

（3）实验原理：雌性激素可以诱发动物性早熟。（标准答案：过量的雌性激素可以诱发动物性早熟，性成熟的早晚可以用初次发情时间为指标）

（4）实验思路：

①取（大小相同）（生理状态相同）的雌鼠 3 只，编号 A、B、C。（标准答案：同龄、幼年的雌鼠若干只，平均分为三组）

②A 组每天饲喂一定量的饲料甲，B 组每天饲喂等量的饲料乙，C 组每天饲喂等量的饲料丙。

③在相同且适宜的条件下饲养。

④____。

（5）如果猜测正确，则实验结果是________。（标准答案：A、B 两组平均初次发情的时间都早于 C 组）

（6）实验思路步骤③“在相同且适宜的条件下饲养”其原因是__________。

放手让学生“评分”，课堂气氛活跃，学生围绕能得分和不能得分对典型答案进行讨论，效果不错。但笔者仍然觉得美中不足。难道设计生物学实验的目的就是做实验题吗？判断一个实验设计是否合理的依据应该是标准答案吗？笔者详细记下了学生在这节课上的发言，然后把“充当评卷员”改为“充当研究员”，也上了同样一节课，将两种设计中学生的主要观点进行了对照，如下表所示：

表 2

问题：按“实验思路①取（……）的雌鼠 3 只”进行实验，将有什么后果	
对照班（B 班）	实验班（A 班）
1. 会出现实验误差 2. 高考拿不到相应的分数 3. 考不上理想的大学	1. 会因个体差异造成实验误差 2. 可能会得出错误的实验结论 3. 如果按照这种错误的结论制定政策，可能会对人类的健康造成重大的影响

可见，前者只追求了分数的有效，学生陷于“考试”“分数”中不能自拔；后者不仅能培养学生严谨的科学态度，还可以培养学生强烈的社会责任感，这种“有效性”或许不可测，却是更加可贵的。

三、服从标准答案，还是服从正确答案

上题④________（标准答案：观察并记录每个雌鼠初次发情的时间，并计算各组平均值）学生答案：（观察雌鼠的生理状态）（测其雌性激素）（统计各组初次发情的只数并计算其比例）。

答案（统计各组初次发情的只数并计算其比例）阅卷时没有给分。

（6）实验思路步骤③“在相同且适宜的条件下饲养”其原因是__________。（标准答案：保持单一变量）学生答案：（避免其他条件影响实验结果）（防止其他条件不同而造成实验误差）评卷时都没有给分。

老师讲评时认为这些答案“与标准答案不符”“没有用专业语言答题”所以不给分。

是标准答案重要，还是正确答案重要？评课时，一部分老师认为应该强调标准答案，与标准答案不同的都不能给分；另一部分老师认为只要意思是对的，就应该给分，如果语言不是太严密，可以给一半分。两种意见严重对立。

我们赞成第二种意见。我国的语言本来就丰富多彩，不同的语言表达同样的意思十分正常，只要所表述的内容是正确的，就应该肯定。如果连标准答案都不敢突破，将来还有可能勇于怀疑现成的科学原理和结论吗？还会有创造性吗？

其实，从知识角度来说，高考所考查的主要是学科的主干知识和重要概念；从能力角度来说，主要考查学生的理解能力、实验与探究能力、获取信息能力、

综合运用能力。应试视角下的备考设计重视的是模仿，特点是以考纲为纲，不敢越雷池半步，以考试分数为教学有效性的唯一指标，甚至把平时的月考、周考都作为教学有效性的衡量标准，奉标准答案为圭臬，不敢做任何的变动，结果往往扼杀了学生的灵性。只有跳出应试抓备考，完成知识的真实理解和能力的真正提高，才是复习备考的正道。

备考中普遍存在着三种现象，第一是以考纲为纲，不敢越雷池半步；第二是以考试分数为教学有效性的唯一指标，甚至把平时的月考、周考都作为教学有效性的衡量标准；第三是奉标准答案为圭臬，不敢做任何的变动。笔者在教学中在这三个方面有所思考，有所突破。

新课标下课外体育活动的开展

梁梓蕃

【摘要】在新课标的实施下，课外体育活动被赋予新的历史使命，要把习惯高楼深院中封闭的课外体育向开放式转化，打破以单一复习体育课为主的内容。根据学生参加的动机不同，活动环境、内容不同，把娱乐体育、保健体育、生活体育、竞技体育纳入课外体育活动中，让学生接触社会体育内容，参加社会体育活动实践，并保证学生每天每人一小时体育活动时间。课外体育活动的正常开展必须有科学的计划与组织实施、相应策略。本文对课外体育活动的开展计划、组织实施、策略进行浅述。

【关键词】新课标　课外体育活动　开展

一、课外体育活动开展的必要性

新课程标准的实施下，人们对课外体育活动的开展有了更深一层的认识。课外体育活动是学校体育的重要内容，它与其他组织形式相互配合共同完成学校体育的任务，并已成为学生学习生活中的重要组成部分。课外体育活动是从属于体育课的，为体育课教学服务，但它也有自身的特点，比体育课有更大的自由度，且内容具有趣味性、娱乐性等功能。学生参加体育活动不仅在校内，而且已扩大到社区、家庭，是落实学生每天一小时体育活动不可缺少的重要部分。在活动中培养了学生自学、自练、自我评估、组织裁判和交往的能力，为将来毕业后参加社会体育活动打好基础，培养体育兴趣，使学生自发、自主地学习，养成经常锻炼的习惯，为终身体育奠定基础。

二、科学拟订计划与组织实施

1. 加强课外体育活动的科学管理

成立以校长为组长，由学校各部门领导、体育教师、年级长、班主任和有体育特长的文化课教师、学生会代表等组成的课外活动管理机构，形成全校性管理网络，为学校开展课外体育活动工作保驾护航。建立相应的考勤、竞赛、奖惩制度和评价体系，立足过程管理，强化目标管理，分工合作，责任到人。使课外体育活动向制度化、规范化、科学化方向发展，保证学生每天每人 1 小时以上的体育锻炼时间和业余训练每周 6 小时以上时间。

2. 建立“健身活动课——天天练”制度，开拓课外体育活动的新领域——大课间

课外体育活动包括正常早锻、课间操、眼保健操、体育活动课、业余训练、单项竞赛等。建立天天练的大课间，即是通过调整学生的课间休息时间，在原来只有 15 分钟的课间操的基础上延长时间到 30 ~ 40 分钟。其活动内容先是“二合一”操（国家规定的广播操与学校自编操），后进行活动练习。从校长到师生全员参加，以班级为单位或根据兴趣需求编组，在班主任、有体育特长的文化课教师和任课体育教师的指导下，由学生组织、自己实施、自己管理。每次组织活动事先拟订好“大课间活动教案”，由体育委员上交体育教师审定，在班主任以及有体育特长的文化课教师指导下，由学生组织实施，谋求达到全员参与、全面发展的目的。

活动内容选项，由体育科提供“活动课选项指南”，让负责组织活动的学生自选项目（田径、球类、体操、游戏、民族、民间体育项目、新兴时尚体育等），或学生自编自创活动内容。拟订好“大课间活动教案”（教案统一格式，逐项填写，由体育科提供），并组织实施。活动器材由学校提供与学生自备相结合，有利于体育器材的开发与利用。大课间执行情况，由值周教师与值日生检查登记，每周一次小结，每月一次评比，期末一次总结，由政教处评出各种奖项，并列入班主任考核，这样每周就有 5 次“天天练”的大课间，2 次体育课，3 次体育活动课，5 次眼保健操，平均每天每人有 1 小时以上的体育锻炼时间。

3. 实行雨天课外体育活动方案，促进学校课外体育活动规范化和制度化

雨天课外体育活动是执行计划的难点，也是最容易被忽略、被占用的活动时间。在雨天坚持上好体育课的同时，以室内代替大课间，以体育保健操、棋类活动和室内游戏内容代替室外体育活动内容（要求每班有创编操小组，每班掌握不少于5个室内游戏，每人自带一副棋），并在年级进行创编操比赛，建立棋类兴趣小组，组织校级棋类比赛等。

4. 实行体育差生课外体育活动辅导制度，便于体育教学课内外一体化

对体育差生课外体育活动实行辅导，把体育教学和课外体育活动作为一个整体，学生除了每周上体育课外，还必须按自己的实际情况，按体育教师的辅导要求进行每周3次以上的课外体育锻炼。使学生既能在科学理论指导下进行锻炼，又能有充分的练习时间，来消化、吸收体育课所传授的知识和技能，缩小他们在学习上的差距；同时，学生们在科学的理论指导下，进行长期不断的自我锻炼，身体素质也慢慢得到提高，使课内的体育知识能有效地指导课外体育锻炼，课外体育锻炼反过来，又能促进课内学习质量的提高。

5. 组建特长生训练队伍，创立学校业余训练新模式

为了处理好运动员训练与学习的关系，减少多方面的矛盾冲突，保证运动员训练时间与学习时间，积极争取家长支持，经学校批准，组建各项运动训练队。特长生源来自兴趣小组成员、各体育协会或俱乐部成员，训练课将由各项辅导教师带到各项指定地点上训练课。每周上午训练5次，每次在大课间时间，下午训练3次，每次不少于1小时。为了规范管理，综合训练课列入课堂教学考核，做到订好计划，写好教案，定期检查。

6. 寄宿学生实行早锻炼安排

学生早操、操练由宿管部负责人全权安排或聘请相关人士负责，进行出勤考勤登记，组织设计练习项目。活动内容为慢跑、武术、形体操、舞蹈、柔韧性练习等，由各兴趣组长组织安排，练习时间不少于30分钟。这样既有利于“一拳一形体操”的推广，又能丰富学生课余生活。

三、加强课外体育活动开展的相应策略

1. 树立课外体育活动新的时空观

过去课外体育活动时空观较窄，仅仅限于学校内。随着体育新课标的全面实施，课外活动已大大突破学校的空间界限，与社会发生广泛联系，课外活动的空

间由学校扩展到家庭体育、社区体育、社会体育。随着终身体育思想的新发展，体育活动的时间延长，从学校学习一直延续到生命终止。必须改变部分领导和教师认为课外活动是体育课的延续，轻视课外活动独立性的观念，正确认识课外体育活动的价值。

2. 课外体育活动组织要向开放化和个体化发展

进行课外体育活动中应采用“规定时间、提供条件、自由选项、分组活动”，在“大自由”小统一的形式中，让学生愉快地锻炼。课外活动形式要向多样化发展，提倡“一小时体育锻炼”“大课间活动”“早锻炼”“午间活动”“家庭作业”“社区交流”等多种形式。使学生有朝气蓬勃的早晨、轻松欢快的大课间、欢乐活泼的中午、丰富多彩的下午、自由自主的傍晚，以保证“每天一小时”的体育活动。

3. 科学制定课外体育活动的运作机制

根据学生身心的发展规律与本校的实际情况，尽快组织力量制定学校的课外体育活动运作机制。机制要做到规定性和自由选择性活动相结合，把终身体育、娱乐体育、健身健美、野外体育活动、实用生活技能的内容纳入运作机制中，增加课外体育活动的容量，满足学生多方面的兴趣需求。

4. 成立学生体育协会

为了发挥学生主动性和积极性，成立学生体协，设立单项体育协会。让学校领导担任名誉会长，体育界人士担任顾问，有体育专长的学科教师、体育教师任教练，成立一个四方人士参加的组织机构。学生根据自己的兴趣与特长，自愿加入某一个分会，活动时各分会按年级划分锻炼小组，组织对内对外活动。充分发挥学生的个性和体育才能，提高组织能力，从而养成自觉锻炼的习惯，为终身体育奠定基础。

5. 推广俱乐部会员制

社会上有各种运动俱乐部都实行会员制，可以向学生提供相关信息，推荐其加入相应喜爱的俱乐部，让学生参加俱乐部开展的各项体育活动、各种测试与比赛。增强学生家长的体育意识，规范学生体育行为，增强群体观念，培养德、智、体全面发展的祖国建设事业的接班人。

参考文献

［1］张良瑞．试论活动类体育的架构．成都体育学院学报，1997（4）．

［2］穆大海，徐强，姚雪冰．社区体育是现代社会文明的标志．体育学刊，1999（2）．

［3］蒋荣，曹晓东．综合实践活动课程中体育内容的实质．体育学刊，2004（5）．

［4］认真落实学生每天一小时体育活动，全面提高学生体质健康水平——教育部体育卫生与艺术教育司司长杨贵仁在全国“落实中小学生每天一小时体育活动”现场研讨会上讲话摘登．体育教学，2005（6）．

集体对抗性体育运动对高中学生自卑心理研究

余华伟

【摘要】针对部分高中学生的自卑心理，学校体育教育应该挖掘体育特有的教育功能。本文对集体对抗性体育运动的心理效应进行探讨，认为集体对抗性体育运动可以有效地调节和抑制高中学生的自卑心理，并提出了调控的措施，旨在促进高中学生的身心健康水平。

【关键词】高中学生　自卑　集体对抗性　体育运动

当今社会，高中学生的心理健康问题越来越引起社会的高度关注。就本文研究的示范性普通高中学生为例，部分学生不能面对现实，出现自卑或自暴自弃心理，不能正常完成学业而中途退学，给个人、家庭和社会造成一定的损失。体育教育承担着促进学生身心健康的重任，通过体育特有的教育功能，采取行之有效的教育手段，可以有效地调节和抑制学生的自卑心理，有助于高中学生形成良好的心理素质。

一、高中学生自卑心理的现状与成因分析

对自卑心理的研究，奥地利精神病学家 A. 阿德勒从自卑的成因和对策角度界定"自卑"的含义，他认为自卑是个人轻视自己、看不起自己、认为自己不如别人、无法赶上别人的一种消极心理状态，是一种与自信截然相反的一种心理品质。高中学生年龄在 16 至 19 岁之间，没有很好的自控能力，人生观、价值观容易出现偏差。此年龄段正是自我意识当中心理自我的发展时期，容易出现主观的我与客观的我之间的矛盾，而两种极端也常常困扰他们，即只看重"自省"而形成的"自我为中心"，或一味地受"他人言论"影响而变得丧失自我，也就

是“从众”，从而使部分高中生缺乏自信、人际关系敏感，有择业恐惧和敌对心理。

当今社会普遍重视高学历、高层次人才，博士、硕士大批量产出，单位招聘用人更是崇尚高学历，这种社会现象造成了不少高中学生沉重的心理负担和压力，从而渐渐形成自卑的心理，开始怀疑自己的能力，对人生理想和学习目标感到困惑，个别心理问题严重的学生甚至会产生弃学厌世的想法。另外，部分高中学生因家庭经济条件的制约而由家长决定放弃考大学，在理想与现实形成巨大差距时，他们往往不能正视现实，甚至埋怨父母并产生逆反心理，在学校的学习生活中也因经济条件差感觉在同学中抬不起头，产生自卑心理。

二、集体对抗性体育运动调节和抑制自卑心理的机制

众所周知，体育运动不仅可以锻炼身体，还可以消除精神疲劳、宣泄和释放不良情绪、增强自信心、克服自卑心理、锻炼心理承受能力和改善人际关系，从而提高心理健康水平。而集体对抗性体育运动通过它的竞争性、对抗性、合作性及娱乐性，对参与者的自我认可、竞争能力、意志品质、交往能力的培养有积极的作用，并有助于增强自信心，对自卑心理有调节和抑制的作用。同时，通过情绪释放，缓解精神压力，有助于形成良好的心理状态，用更积极的心态对待人生。

1．集体对抗性体育运动的竞争性可以培养竞争能力，提高自信心

“竞争性是体育的本质属性之一。竞争是双方或多方在规则限定下追求卓越、永争第一的努力拼争，而体育竞争性的外在形式则完全来自对人类实际的日常生活中竞争现象的模仿，一个体育场就是一个小社会，荣辱得失、兴衰成败每天都在上演。”可见，高中学生经常参与集体对抗性体育运动，能够培养他们努力拼搏、争取胜利的信念，同时锻炼他们认识自我，了解对手，知己知彼，然后学习各种战术，扬长避短，掌握竞争取胜的技巧和方法，在对抗中发挥全部的精力和才智争取胜利。正因为体育场就是一个小社会，所以通过参与集体对抗性体育运动，学生们可以学习、锻炼在学校学习和今后走向社会所需的竞争能力，也能正确地剖析自己，找到自己在社会上的立足点，从而树立自信心，发挥自己的优势，并努力使之成为自己的特长。社会需要和鼓励有特长的人才，高中生有一技之长完全不必为学习成绩落后而自卑。

2. 集体对抗性体育运动的对抗性可以锻炼抗挫能力，培养坚毅个性

集体对抗性体育运动是双方或多方的体能和意志力的对抗。"对抗不仅要求练习者有力量，还要求有一定的对抗技巧，对人的灵敏、反应速度、柔韧、速度等各项素质有很高锻炼价值，而且这种游戏也有培养学生机智勇敢和意志的教育价值。"部分高中学生缺乏的就是坚强的意志力，也许是受社会上"一考定终生"的片面观念的影响，很大一部分高中学生对高考没有必胜的信心，从而认为自己前途无望而一蹶不振，自卑而悲观。参加集体对抗性体育运动，集体的荣誉和同伴的鼓励可以激发每个参赛者勇敢面对挫折、顽强拼搏，对参赛者抗挫能力和意志力的培养起到积极的作用。高中学生经常参与集体对抗性体育运动，可以练就吃苦耐劳、顽强拼搏的意志品质，培养面对困难和挫折迎头赶上的坚毅个性，在学校学习和今后的人生旅途中争当强者。

3. 集体对抗性体育运动的合作性可以克服自闭心理，促进人际交往

当今社会的青少年多为独生子女，身边很少有年龄相仿的同伴，并且把很多的业余时间花费在网络上，他们更愿意交网上的虚拟朋友，而生活中却是独来独往，羞于与人接触和交往，形成了自闭内向的性格。集体对抗性体育运动是团队之间的对抗，整个运动队的组成和运作离不开队员之间的相互合作，离不开与他人的沟通和交往，为了团队的胜利，每个队员必须顾全大局、不惜牺牲个人利益。同时，团队内部成员的战术配合，对抗中随着局势的变化及时的动作会意或言语的沟通，可以锻炼与他人的默契和交流，促进人际交往能力的培养，学会沟通、善于沟通，及时向同伴打开心结，由此所有的问题都会迎刃而解。

4. 集体对抗性体育运动的娱乐性可以释放情绪，缓解压力

"竞技运动作为竞争、对抗，总有胜负之分，而无生命之虑的对抗及其胜负之分的不确定性具有显著的戏剧效果，这是一种强烈的心理刺激，能使参与者（包括观赏者）获得极大的乐趣，成为人们调节日常生活方式与节奏的重要形式。"参与集体对抗性体育运动，使学生的精力完全集中到运动中来，先前对书本的记忆或恼人问题的思考被转入抑制状态，因而脑力疲劳将得到缓解和消除，不良的情绪也将在娱乐性的对抗中得到释放，并且运动所产生的愉悦情绪使先前的烦恼不再困扰人。所以，让更多的高中学生在紧张的学习之余参与到集体对抗性体育运动中来，即使作为观众，也可以在观赏互有胜负的对抗过程中，为喜爱的一方加油鼓劲，尽情地宣泄自己的情绪，使身心得到放松，使学习生活中的各种压力得到缓解，调节学习和生活的节奏，做到有张有弛，以良好的心态投入学习，找回自信，避免自卑。

三、集体对抗性体育运动调控高中学生自卑心理的措施

1. 了解学生的身心特点

找准各自在集体对抗性体育运动中的位置，体育老师应该在课前对学生的情况进行调查，课中对学生进行细致的观察，课外尽可能多与学生接触和沟通，了解每个学生的身心特点，挖掘每个学生的专长和闪光点，并努力使之得到展现和发挥。集体团队的组成包括组织者、各个运动队的队员、教练员、裁判员、后勤保障工作者、啦啦队或观众等。因此，体育老师可以根据每个班级的学生各自的特点定位他们适合的角色。例如，组织有运动天赋的学生为运动队队员；对运动基础差却对某项运动感兴趣的学生，可以培养他们担当该项目的裁判；对有一定组织才能和文字宣传能力的学生，可以鼓励和辅助他们策划和组织各种对抗竞赛活动；对有文艺特长的学生在体育竞赛时还可以组成啦啦队，为参赛的运动员加油、喝彩。体育老师要尽可能让所有的学生参与到集体对抗性体育运动中来，帮助他们在各类活动中正确地分析和了解自我，寻找适合自己的角色定位，并且鼓励他们通过努力体现自己在集体中的价值，从而帮助他们逐渐提升自己参与活动的自信心，克服自卑心理。

2. 发挥体育特长生的作用，课余开展多种形式的对抗赛

高中学生的身心发育尚未完全成熟，社会阅历少，心理单纯且可塑性大，总体上都是积极向上、渴望融入集体生活的。所以，对于他们较多的课余时间需要有老师去关心和引导，组建多种项目的班级体育运动队，组织和开展多种形式的运动竞赛，丰富学生的课余生活。课余的运动队训练或竞赛，可以使有运动天赋的学生的特长有更大的发展空间，成为今后求职的一个特长；有运动特长的学生成为班级集体的体育骨干，运动场上完美的表现使他们成为同学的偶像，可以影响和带动同学们参与到体育运动中来；开展多种形式的对抗赛，使更多的学生勇于尝试，体验成功和失败，经历挫折和磨难，从而培养在人生奋斗的战场上需要的百折不挠、勇于拼搏的竞争精神，勇敢面对社会的偏见，自强不息，不放弃，不自卑，努力学好专业知识，学得一技之长，自信地找到在社会上的立足之地。

3. 调动无体育基础学生参与运动的积极性，组成体育运动兴趣小组

无体育基础的学生更可能产生自卑心理，因为他们跑、跳、投、打球样样不

行，同时这类学生身体素质也相对较差，动作学习较慢且常出现不协调动作，怕老师批评和同学耻笑，在以往的中小学体育活动中总是能躲则躲，渐渐形成自卑的心理。这部分学生正是最需要被关心的学生，老师应该多花时间在他们身上，了解他们的身心特点，根据他们的爱好，建立不同的体育运动兴趣小组，给他们配备技术指导员或学生教练员，循序渐进地指导他们学习体育基础知识和技术，既引导他们走出自闭、融入集体生活，又努力培养他们的体育兴趣爱好，使他们能掌握一项较擅长的体育运动项目，使其参与体育的兴趣能够延续，从而获得一种促进身心健康的技能。

参考文献

[1] 杨忠伟，赵国炳．体育与竞争性．体育学刊，2011（4）．
[2] 戴柳英等．让对抗性游戏回归体育教学．体育师友，2008（4）．
[3] 叶羽．论“竞技育人”．体育与科学，2012（1）．

论新时期女子中学的复现及启示

郑思东

【摘要】曾在中国消失的女子中学在近年再度出现。本文从国际女子教育研究趋势、国内教育界对性别和性别差异的关注、时代对特色教育的要求和国内外妇女运动的推动四个方面分析了这一现象的原因；回顾了从维新变法、民国时期、新中国成立初期到改革开放之后各个时期我国女子教育的发展历程；从中得出当下中学教育需要倡导社会性别平等的观念、加强教育中性别问题的研究以及采取因性施教策略的三点启示。

【关键词】新时期　女子中学　单一性别教育

改革开放以后，女子学校在中国再度浮现。1981 年，上海第三中学率先恢复女中建制。1986 年，宁夏回族自治区两所女子中学创建。从 20 世纪 90 年代中后期开始，广州、北京等大城市的女子中学在销声匿迹二三十年后陆续重现，其影响逐渐扩展到中、西部地区，引发了社会的广泛关注和议论。这是历史的倒退还是时代的进步？是偶然，还是必然？对这些问题我们不能做出简单的判断，必须从我国国情出发，客观、冷静地对女子中学的复现做具体的分析。

一、女子中学复现的背景和原因

（一）国际女子教育研究的趋势

从 20 世纪 70 年代开始，在教育领域内，性别差异和性别问题研究的地位开始提高。在社会学、经济学的宏观层次上，发展中国家的学者们认为“传统的理论几乎完全忽略了性别问题，很少有人想到教育的长期影响在男女儿童之间有差别”。西方发达国家的学者们指出表面上的教育平等掩盖了实质上的不平等。在微观层次上，学者们集中于性别差异的研究和男女合校教育。越来越多的学者认为男女两性在认知能力上没什么不同，差别主要表现在自我概念、失败的归因等社会心理因素和社会文化因素方面的不同；努力奋斗而取得的男女同校学习的权利是否有益于女性的成长。激进的研究者认为“学校教育绝大部分定位于男孩的兴趣，大量的课本内容呈现的是男性，男女合校等于接受男性价值形态和标准”。有学者研究合校中的教学行为得出，教师花在男生身上的时间和精力更多些，只有35%的精力给了女生。这些研究结果使同校教育制度的正确性、进步性开始受到质疑。

（二）国内教育界对性别和性别差异的关注

20世纪80年代后期，教育界和心理学工作者突破以女性受教育机会均等来诠释男女教育平等的思维模式，开始展开男女性别差异与教育的研究。人们开始思考，男女学生坐在同一教室，在同一教师的授课下，使用同样的课本，是否就达到了真正的男女教育平等？人们开始关注女性在学校教育中教育内容、教学方式等方面的性别公平。现实中两性的性别特征和心理差异并未在学校教育中受到重视。在对学校所使用的语文、历史教材的调查分析发现，教材中的男女形象有明显性别偏见，对中小学生“女不如男”的观念的形成起着潜移默化的作用，造成女生的自卑感。在中学课堂上，尤其在理科教学中，存在女生被忽视的状况，教师与男生之间的交流远多于女生，致使女生失去锻炼和展现能力的机会，从而丧失学习兴趣和动机。畏缩、不敢大胆质疑与思考已成为女生学好理科课程的最大障碍。由此，教育领域的有识之士呼吁必须关注性别差异，针对性别心理的发展特征尤其是女生的性别特点，因性施教。

（三）时代对特色教育的要求

时代不断对教育提出新的要求，同时也为教育改革提供了丰富的机遇和强大的动力。“千校一面”的单一办学模式，不利于学校优势的发挥及学生潜能的开发，学校有特色，学生有特长，已成为基础教育改革的一个趋势。同时，人们的价值观念、人才观念、知识观念等日臻多元化、实用化、个人化；人们对教育的需求也开始由标准化、单一性向个性化、多元性转变。加上男女合校的女生在青春期易受干扰、早恋等种种现象，学校在这方面的教育显得苍白无力，使得单一性别的女子中学对“望女成凤”的父母们有很大吸引力。

（四）国内外妇女运动的推动

妇女解放运动与女性教育事业的发展密切相关。近二十年来国际妇女运动的蓬勃发展，对我国妇女运动产生了更为直接和深远的影响。但是，在教育领域，各级政府和教育行政部门比较注重的是从数量上提高女性接受各级各类教育的比例，对女童入学、妇女扫盲考虑较多，而对学校教育中存在的性别歧视和偏见问题缺乏足够的重视。女性主义教育主要指用“女性独特的视角来体验、考察教育问题，包括女性对教育的要求、理解，女性思维中的教育问题，女性解放的途径等”。女性主义对以男性为中心的主流文化的极大批判给我们开拓了一个全新的思维空间，促使我们思考中国的女性教育该如何发展。

二、近现代女子教育的发展回顾

教育的发展不能超越时代的特点。经济水平、政治制度、思想文化都给教育打上了深刻的时代烙印。我国女子中学由兴到衰到再现的一百多年的历程，莫不体现出这一规律。为更清楚地认识女子中学在我国新时期再现这一现象，我们有必要将它与近代女子中学做一比较分析（见下表：近现代女子教育的对比），总结其中所反映的规律，以便对我国的女中学生进行更有效的教育。

时期	男女平等观	学校形式	女校教育目标	内容
维新变法时期	“男女有别”的平等观：具有新旧并存、中西杂糅二重性质的男女平等思想	女子学校出现；一律聘用女性教授、管理者	传统女教思想与新的时代精神相融合的新式贤妻良母	课程内容浅显，不必博雅淹通，尤其注重家事训练和传统女德的培养
辛亥革命、新文化运动和五四运动时期	“男女相同”的平等观：以男性的价值尺度为中心，以男性为标准，消除男女差别来达到男女平等	先是小学和大学，最终中学也能男女同校	虽然出现了女国民和独立人格的思潮，但女校仍以培养博大慈祥之健全母性作为教育目标	多偏重于家事；女子中学特设家事、园艺、缝纫各科；女子师范特别加入“以造就蒙养院保姆为目的”一项

（续上表）

时期	男女平等观	学校形式	女校教育目标	内容
新中国建立初期	“性别中立”的平等观：形式上的男女绝对平等，本质上仍是以男性为核心，以男性的品质来代替两性的全部性别特征	女子中学在中国彻底消失，全部改为男女同校	以实施素质教育为宗旨，培养有理想、有道德、有文化、有纪律的新人	男女所受的教育从培养目标到教育内容、方法、评价等均完全相同
改革开放之后	“价值多元”的平等观：承认性别差异的客观存在，提倡以动态的方式理解性别差异，差异不是弱点的依据，而是力量的源泉	出现多种形式的单性别教育：民办、公办的女子学校；在合校中开办女子班等	确立自尊、自信、自立、自强的发展目标，重在生存、竞争和服务社会的能力的培养，凸显女性作为人的存在价值	除国家统一课程外，还考虑“因性施教”：一是培养女性立足社会，撑起“半边天”的本领；二是“女儿—妻子—母亲”的人生角色的教育

历史和现实都表明，每一次社会转型时期，女性问题就会凸显出来。教育作为女性获得解放和发展的重要途径与基本权利，便会成为社会革命的一个切入点或关注的焦点。正如马克思所说：“没有妇女的酵素，就不可能有伟大的社会变革。社会的进步可以用女性的社会地位来精确衡量。”

三、新时期女子中学复现的启示

从以上分析可以看出，女子中学的再现不是单纯的历史重复，而是时代发展和教育改革的结果。无论是男女合校还是单一性别学校或班级，都只是教育形式的一种，评价哪种形式对男女学生的发展更有好处，还要看办学理念和办学原则。女子学校或班级既可以培养出积极的具有性别平等意识的学生，也可以培养出传统的“淑女”和“贤妻良母”。但是，今天复兴的单一性别教育更多考虑的不是经济、政治等教育之外的因素，而是教育本身，其出发点是男女差异，归宿是男女和谐、均衡、全面、充分地发展。就此而言，它做到了“以学生为本”，是一种进步的体现，因而值得尝试。因此，对女子中学的思考不能只停留在其利弊上，它的重现应该能给我国教育改革的深化和社会性别公平化教育目标的实现有益的启示。

（一）倡导社会性别平等的观念

所谓的平等问题，就是人与人利益关系是否合理的问题。从社会性别的角度来说，教育平等就是男生与女生在学校教育中得到平等、合理的利益。

长期以来，我们都是站在阶级解放的立场上理解性别平等，没有进行深层次的文化、观念上的女性解放运动，未触及女性自觉的性别解放意识，使得新中国成立后社会衡量女性的标准呈现出男性化特征。这种状况在教育领域的表现就是实施的仍是男性标准的无性别区分教育，以形式上的平等掩盖潜在的深层的不平等，造成男女平等的教育方针与性别盲点之间的矛盾。

改革开放后，女生入学难、就业难、女性人才荒废等现象日益突出，女子中学的复现引发人们对如何真正实现教育公平的思考。要实现两性平等的教育目标，除了提供政治和法律保障外，还要在全社会倡导社会性别平等理念，使全社会尤其是女性树立起自觉的性别平等观。同时，将社会性别公平理念切实地纳入教育改革决策中，从性别视角重新审视我们的教育观念和实践，以弥补教育中的性别盲点。只有这样才能创设出性别平等的教育环境，逐步减少乃至消除由历史和社会原因所造成的性别歧视，促进男女两性和谐、自由发展。

（二）加强教育中性别问题的研究

我国长期以来形成的“性别中立”教育观念，对我国的教育学术研究产生了相当严重的消极影响：它以其对男尊女卑社会性别观念的颠覆，掩盖了表面上男女平等下的实质不平等——以男性的品质来代替两性的全部性别特征。在过去的几十年中，我国的教育研究活动逐渐陷入一种集体的缺乏性别意识的状态。1995 年在北京召开的第四届世界妇女大会，将西方社会性别理论系统地介绍到了中国，这种状况才得到改善，社会性别问题逐渐得到学术研究者的关注。

因此，我们应该在对现行教育制度和教育环境中的性别不平等因素进行深入调查研究的基础之上，制定改革措施，并尽可能让教师参与到这一研究当中，使其成为具有反思精神的实践者。教育中性别不公现状的改变是一项长期而艰巨的任务，涉及教育和社会各个层面的变革，既需要理论上的探讨与深化，也需要对我国教育现状展开实证研究，为实现教育公平打下坚实的基础。

（三）采取因性施教策略

在生理差异的基础上形成的在角色、认知、行为、价值观等方面体现出的两性差异，是一种客观存在。教育应该承认性别差异的客观性，但要避免性别刻板对教育的影响。而教育长期以来都受传统性别观念和文化影响，要依靠具体的教育教学实践从传统性别刻板模式中脱离出来，只有因性施教才能最终实现教育公平。因性施教要求教师在教育教学过程中根据男女学生身心发展的特点，采取各种措施克服性别刻板印象的影响，有针对性地开发男女学生各自的潜力，使他们都能得到完全和谐的发展。

因性施教的基本策略包括扬长和补短两方面，即充分发扬男女学生身心发展中的长处，同时弥补各自的缺陷和不足。具体而言，可以从以下几方面实施：

1. 转变教师的传统性别刻板观念和行为

性别刻板印象是因性施教必须跨越的第一个障碍。性别刻板印象是人们对男性或女性在行为、角色、人格特征等方面予以的期望、要求和固定不变的看法，在一定程度上反映了男女社会角色的现实并使之合理化、固定化，为现存的性别不平等状况提供了合理的解释。由于性别偏见常常在人的潜意识里起作用，教师只有纠正本身的性别刻板观念，改变态度，才能避免性别偏见行为的出现。因此，我们应该在师范院校及教师培训机构开设有关两性教育的课程，让未来教师建立起社会性别公平观念，培养自我反思的意识和习惯，并在此基础上做出教学行为的改进。性别刻板印象并非一朝一夕所形成的，它的改变只有通过日积月累的长期努力才能见效。

2. 注意教材的无性别刻板化

教材是传输知识、传播价值观念和意识形态的工具，同时也代表着社会权威的知识、价值和观念系统，明确显示着社会领导阶级为青少年社会化所选择的特定教学内容，对青少年性别角色观念的形成具有重要作用。国内外的调查分析都发现教材中的男性角色远远多于女性角色。有学者对人民教育出版社六年制小学语文教材（共 12 本）的数据统计：女性形象出现率仅为 20.49%，而且年级越高，课本中女性出现的比例越低。男性角色多为社会型、事业型、管理型或悠闲型，而女性出现的场景主要在家庭，基本以配角的模糊形象出现。教材之中隐含的这种“男主女从、男强女弱”的性别偏见再生和强化了社会性别偏见观念，影响青少年对所属性别角色的认同和归属，并使社会的性别偏见合情合理化。因此，我们对中小学教材进行修订时，要清除语文、历史、社会课等文科教材中不利于女生的教育内容，而且要邀请具有女性意识的学者加入教材的编写，提供女性思考的角度，改变教材中以男性为主的历史，努力达到无性别刻板化。

3．增开特色教育课程

男女性别本身无价值高低之分，性别差异却存在各自的优势和劣势。有研究表明，女性的自信心随着学校教育阶段的提高有降低的趋势，中学阶段自信心开始滑坡。究其原因，最主要的是长期的性别偏见已在不自觉中内化成女性自身意识的一部分，许多女生总感觉在能力、性格特征等方面不如男生，造成女生发展的内在障碍，而这种障碍需要认识和克服的程度不亚于来自男性的压力，甚至比男性的态度更具限制性。针对这一性别心理特征，女子中学的特色教育课程应该值得借鉴。

为树立女生正确的性别观，培养女生自信、自强、自立、自尊的精神，可以开设女性成才课，帮助女生克服自卑心理，激发女生的学习动机。针对女生进入初中后期成绩下降或偏科现象，可以开设学习方法指导课。“工欲善其事，必先利其器”，帮助女生掌握科学的学习方法。青春期由于女生的生理发育较男生早，内心的心理冲突比男生更为严重和突出，从而影响学业，为及时解决学生心理上的不安与困惑，青春期心理辅导课的开设也很有必要。

总之，承认学生的性别差异是因材实施的出发点，可以说，没有做到因性施教就没有真正做到因材施教。无论采取什么样的措施和方法进行因性教育，基本的策略都要长善救失，扬长补短，以使男生和女生都得到全面、和谐的发展。

参考文献

［1］刘佳，王伦信．我国中学男女分校合校的历程及对单性中学的价值审视．基础教育，2009（7）．

［2］徐学兰．略论我国学校教育中的性别不平等问题．黄冈师范学院学报，2013（5）．

［3］谭再琼，唐祺．对话与思考：西方教育领域中的“女性主义”本土化探析．河北师范大学学报（教育科学版），2001（3）．

［4］王晓轩．近代中国女子教育思潮浅析．文教资料，2013（19）．

［5］肖海英．“贤妻良母主义”：近代中国女子教育主流．社会科学家，2011（8）．

［6］王敏．从求异到存异：中国女子教育使命的历史演变．西南农业大学学

报（社会科学版），2012（9）.

［7］马克思，恩格斯．马克思恩格斯全集：第 32 卷．北京：人民出版社，1974.

［8］聂琴．单一性别教育的再度兴起：以英、美、澳为例．上海教育科研，2008（12）.

［9］周颖莹．课程中的性别问题研究．长沙：湖南科技大学，2008.

［10］胡彩娟．高中历史教科书中的性别问题研究．杭州：浙江师范大学，2007.